まだある。

今でも買える“懐かしの昭和”カタログ ～生活雑貨編 改訂版～

初見健一

大空ポケット文庫

凡例

❶本書には、一九六〇〜七〇年代の、いわゆる「高度経済成長期」に発売された商品、または、この時代を子どもとして生きた人々の記憶に強く残っていると思われる商品を中心に、一〇〇点の生活雑貨・日用品を掲載した。

❷商品の流通には地域差があり、従って商品にまつわる記憶にも地域差が出るが、本書では視点を当時の東京に置いた。しかし、いくつかの例外をのぞいて、全国規模で認知されている商品を選別したうえで掲載している。

❸商品は発売年順に羅列した。メーカー側が発売年を正確に特定できないものについては、「一九六〇年ごろ」「一九六〇年代前半」などと表示した。随時リニューアルされる商品については、そのメーカーが同種の商品を最初に手がけた年代を表示した。

❹原則として、販売期間・数量限定の「復刻商品」として発売されたものについては除外した。

❺価格については、メーカー希望小売価格が設定されているものはその金額を、オープン価格とされるものについては一般的な市場価格を税込みで表示した。また、発売元の方針で市場価格を表示できないものについては、その指示に従った。

まだある。

今でも買える〝懐かしの昭和〟カタログ　～生活雑貨編　改訂版～

浅田飴　水飴

我々世代には永六輔の「せき、こえ、のどに浅田飴」のCMでおなじみ。現在、「浅田飴」といえば多くの人が固形タイプを連想するのだろうが、七〇年代なかばごろまでは「浅田飴＝水飴」というイメージが強かったと思う。CMも水飴をアピールしたものが多く、白い菱形模様に飾られた青い水飴缶から、スプーンでトロッとした飴をすくうショットが記憶に残っている。僕が幼児期に親しんだ「浅田飴」も水飴で、祖父が常備していたものをよくなめさせてもらった。いつも「もうひと口！」と催促するのだが、「これは薬だからダメ！」と断られてしまう（年齢ごとに服用量が決まっている）。毎回、ちょっぴりしか食べさせてもらえないので、やけにおいしく感じた。「浅田飴」は安政の時代の漢方医、浅田宗伯の処方をもとに、弟子の堀内伊三郎が開発した。「御薬さらし水飴」として発売され、一八八七年に息子の伊太郎が引き継いで、浅田宗伯の名から「浅田飴」と改称した。「引札」（チラシ）広告を活用した最初の商品としても知られ、当時のキャッチフレーズは「良薬にして口に甘し」。

缶のデザインは大幅にリニューアルされたが、味はあのころのままだ。昔のCMで「味にも気を配っています」と言っていたが、生薬エキスを配合した深みのあるニッキ味は独特で、子どものころは大好きだった。キキョウ根エキスなど、5つの薬用植物が主成分

●浅田飴 水飴

発売年：1887年　メーカー希望小売価格：700円
問合せ：株式会社浅田飴／03-3953-4044

金鳥の渦巻

蚊取り線香の香りをかぐと、瞬時に小学生時代の夏休みの記憶がよみがえる。思い出されるのはいつも同じ情景で、祖父の家の縁側に腰掛け、カルピスを飲みながら竹やぶが風に揺れるのをボンヤリと眺めていたこと。はっきりとは覚えていないが、あのとき、かたわらの蚊取り線香が静かに煙を漂わせていたのだろう。夕立のあとの匂い、プールの塩素の匂いなどと並んで、蚊取り線香の香りも「あのころの夏」の匂いだ。

開発したのは上山《うえやま》商店（金鳥の前身）の若き店主、上山英一郎氏。慶應義塾に学んだ彼は、恩師・福沢諭吉の紹介で米国人の植物販売業者と出会う。この人物から除虫菊の種を譲り受けたことが金鳥の歴史、いや、日本の殺虫剤工業の歴史のはじまりとなった。一八九〇年、上山氏は元祖蚊取り線香「金鳥香」を開発したが、この棒状の線香は短時間で燃えつきてしまう。「うずまき形にしたら?」という打開策を出したのは、妻のゆきさんだ。こうして、ほぼ一晩中、静かに蚊を退治しつづける「金鳥の渦巻」が誕生する。以来一世紀、「日本の夏」には欠かせない商品となった。

豪華なタレント陣を起用したテレビCMも印象的。美空ひばり、小川真由美、坂口良子、小柳ルミ子、山咲千里、十朱幸代、石川さゆりなどの女性タレント中心の布陣だったが、近年では藤原竜也が起用されている

●金鳥の渦巻(10巻)

発売年：1902年　価格：388円

問合せ：大日本除虫菊株式会社／06-6441-0454

命の母A

かつて、薬局は子どもにとって魅力的な場所だった。町の薬局はなぜか「子どものご機嫌をとる」ことを重要視していたようで、店前にはサトちゃん（佐藤製薬）やケロちゃん（興和）、ピョンちゃん（エスエス製薬）の首振り人形が立ち、店舗によっては「一〇円ムーバー」（一〇円玉を入れると数分間ガタガタと動く遊具。右記の動物キャラが丸太にまたがっていたりするデザイン）が設置されていた。さらに親と買いものに来た子どもには、白衣のお姉さんがビニール製の指人形（たいていはケロちゃん、女の子にはコロちゃん）をくれる。この伝統は今も多少残っているようだ。

薬局に行くたび、子ども心に「スゴイ名前の薬だなぁ」と気になっていた商品がある。それが、この「命の母」。明治時代、父権の強い大家族制のなかで日々重労働を強いられた女性たちのために、笹岡薬品創業者の笹岡省三氏が開発した女性保健薬だ。男尊女卑の時代、女性専用薬の発売は画期的で、かの与謝野晶子は歌に詠んでこの薬を讃《たた》えた。「人多く 命の母と呼ぶ薬 この世にあるが めでたかりけり」。

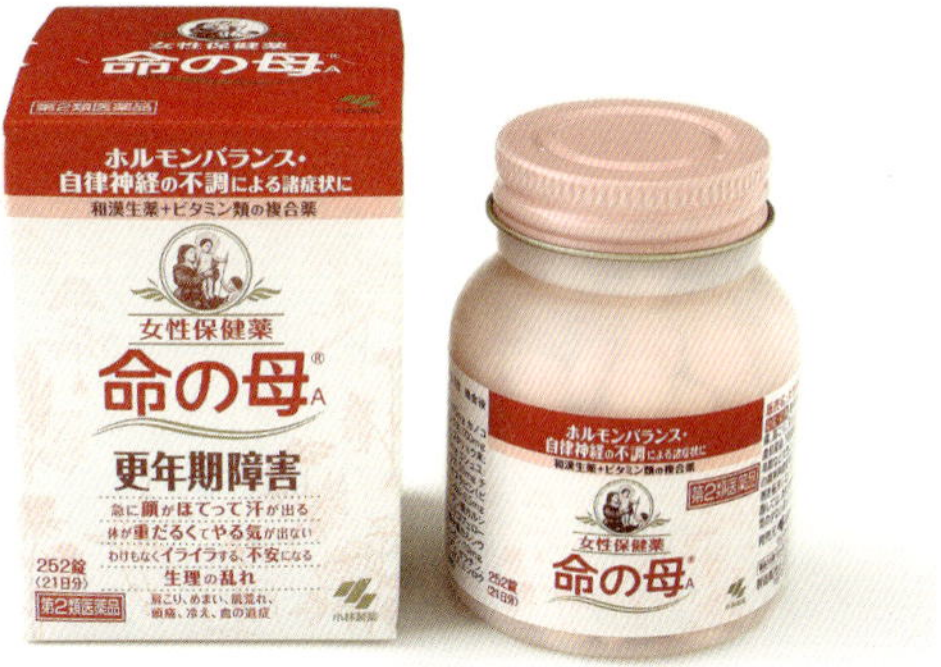

笹岡薬品の製品だが、2005年より小林製薬が販売を行っている。更年期特有の症状を緩和する薬品で、高度経済成長期にビタミンをプラスして商品名にも「A」の文字が加わった。さらに01年、ストレスで健康を損なう女性が増える状況をふまえ、「現代女性の応援薬」としてリニューアルされた

●命の母A

発売年：1903年　価格：1890円(252錠)

問合せ：小林製薬株式会社／06-6203-3625

シッカロール

昔の子どもは、どうしてあんなにもアセモになりやすかったのだろう？　夏の間は、お風呂あがりはもちろん、外へ遊びに行く前にも必ず首のところにパフパフと「シッカロール」をはたかれた。公園などにはTシャツの襟もとから白い首をのぞかせた男の子が何人もいたし、夏の終わり、秋祭りの縁日でクラスメイトの女の子たちにでくわしたりすると、普段は目にすることのない派手な浴衣姿の襟から粉だらけの胸もとがチラついたりして、男子たちはただブザマにドギマギしたものだ。また、ヘリオトロープの花の匂いを表現したという、あのかすかに甘い香り……。幼少期の夏を思い起こすとき、あのほのかな香りが必ず鼻先によみがえってくる。

「シッカロール」は和光堂の登録商標。創業者の弘田長博士が開発した商品だ。トレードマークの「赤ちゃん缶」が登場するのは一九六三年だが、我々世代になじみ深い「あの子」は六七年から採用された。彼（男の子なのである）も現在は四十代なかばの立派なオジサンだが、今も可憐な表情のまま現行品のパッケージを飾っている。

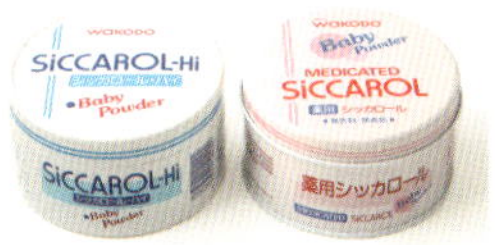

左の写真は姉妹品の「シッカロール・ハイ（紙箱）」（346円。「シッカロール」と同成分だが香りが違う）と敏感肌用「薬用シッカロール（缶）」（504円）。かつては「ハイ」も「赤ちゃん缶」だった

●シッカロール

発売年：1906年　価格：273円
問合せ：和光堂株式会社／電話番号非掲載

クラブ洗粉《あらいこ》

「洗粉」とは、古代から中国などで用いられてきた洗顔料。大豆の粉などに数々の生薬をブレンドしたもので、肌荒れ防止効果のほか、肌のキメを細かくする効果、さらには美白効果もあるといわれている。日本にも古くから伝わっており、明治時代に入るまでは多くの女性たちに愛用されてきた。が、明治もなかば以降になると海外から石鹸が輸入されはじめ、これが洗顔料としても普及するようになる。

洋品雑貨・化粧品卸業の中山太陽堂（現在のクラブコスメチックス）が創業されたのは、そんな「石鹸普及時代」だった。ほどなくして製造業への転身をはかり、外国製石鹸にも負けない洗浄力を持ち、なおかつ肌荒れの心配のない洗顔料の開発をはじめる。同社が注目したのは石鹸ではなく、日本古来の「洗粉」。天然植物成分を主原料に、低刺激で安心・安全な洗顔料を完成させた。それが、この「クラブ洗粉」だ。日本女性の肌質とマッチし、発売直後から大ヒットを記録。中山太陽堂は、胡蝶園やライオンなどと並び明治の化粧品業界の「四大覇者」となった。

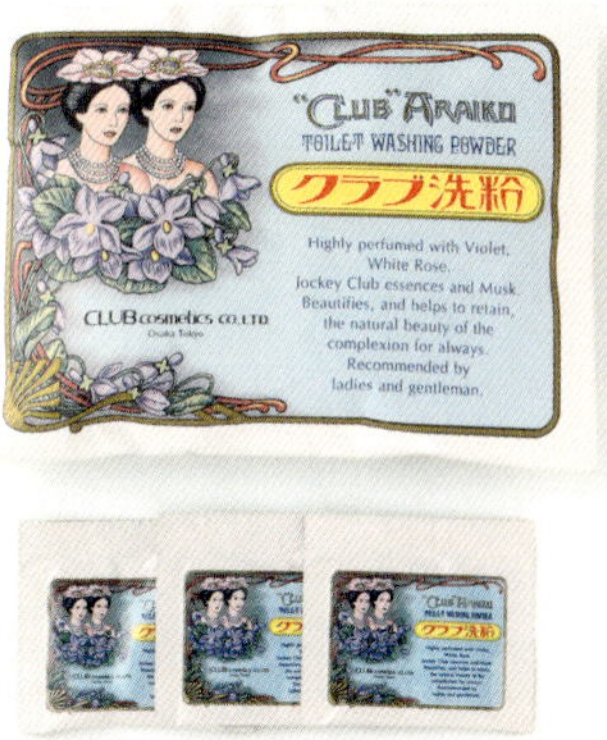

工業製品としては、天然植物原料を使用した日本初の洗顔料。発売当初のイメージを踏襲した「双美人マーク」のパッケージで、約110年にもわたって販売が続けられている。汚れを吸着するコムギ澱粉、保湿効果のあるスキムミルクやジャガイモなどの澱粉が主原料

●クラブ洗粉
発売年：1906年　価格：1575円(30包入り)
問合せ：株式会社クラブコスメチックス／06-6537-2932

亀の子束子《たわし》

日本のロングセラー商品を代表する定番中の定番。戦後、スポンジ束子が各家庭に広く普及してからも「やはりこれじゃなきゃダメ！」という愛用者は多く、特に飲食店などのプロの現場では、今も日々の仕事に絶対に欠かすことのできない逸品である。「発明」したのは亀の子束子西尾商店初代社長の西尾正左衛門氏。ある日、商っていた靴ふきマットに欠陥が見つかり、その返品の山を前に途方にくれていた。が、妻のやすさんが返品のマットの部材（棕櫚《しゅろ》製の棒）を折り曲げ、それで障子のさんなどを洗っているのを目にしてピピッとひらめいてしまう。これが「新しい道具」誕生の瞬間だった。妻の手の大きさを参考に、使いやすい形、サイズ、重さを考慮し、ほどなくしてほぼ現行品と同じモノを開発。「カメに似てる」ことから「亀の子束子」として売り出した。「亀の子束子」の原料はスリランカの椰子の実。実の殻を繊維にほぐし、これを針金に巻き込んで棒状に加工、その棒を職人さんたちがひとつひとつ手作業でギュッと曲げ、縄をかけて「亀の子」形に整える。熟練の技に支えられる手工業製品なのだ。

従来の紙包装からピロー包装にリニューアルされたが、印象的なデザインはそのまま継承。左は「棕《しゅ》櫚《ろ》たわし極〆〈きわめ〉NO.2」（493円）。繊維がやわらかく、キズつきやすい製品も洗浄可能。また、錆びにくいステンレス製の針金を使用

●亀の子束子1号

発売年：1907年　価格：294円

問合せ：株式会社亀の子束子西尾商店／03-3916-3231

ヘチマコロン

古来から民間薬、化粧水として用いられていたヘチマ水を商品化した元祖「自然派化粧品」。かつては東京でもヘチマはごく身近な植物で、我々の親世代だと「庭のヘチマから天然のヘチマ水を採取した」なんて思い出を持つ人も多い。茎を切って、切り口をビンなどに突っ込んでおけば、一晩で一リットルもの水がたまる……なんて話を母親などから聞かされたが、七〇年代の東京っ子たちにはヘチマはあまり縁のない植物になっていた。「庭にヘチマ」という光景も過去のものになっていたし、ヘチマ料理（食べられるらしい）を味わったこともない。唯一、ヘチマでつくったスポンジが風呂場にあったが、これも自家製ではなく、スーパーなどで買ってきたモノだった。

大正時代から親しまれる「ヘチマコロン」は、特に一九三〇年代に斬新な広告で話題になった。竹久夢二の詩や抒情画を使った美しい新聞広告、松竹少女歌劇団とのタイアップなどで認知を広げ、三二年には日本初のトーキーPR映画『ヘチマは踊る』を製作している。シュールなタイトルだが、どんな内容の映画だったのだろう？

無農薬、有機肥料で育てられたヘチマから採取される天然のヘチマ水が主成分。採取は「低温採水方法」という特許取得済みの方法で行われているそうだ。弱酸性で刺激が少なく、洗顔後はもちろん、日焼け後のボディケアにも使えるなど用途が広く、ナチュラル志向の若い女性たちにも支持されている

●ヘチマコロン

発売年：1914年　価格：945円(230ml)
問合せ：株式会社ヘチマコロン／03-3261-1003

電気コンロ

東芝製のニクロム線式電気コンロ。手軽で安全、スペースも取らないので、かつては家族で鍋などを囲む際には必ず電気コンロが登場したものだが、いつからか卓上コンロの主流はカセットタイプのガスコンロに移り、昨今ではあまり見かけなくなった。

例にもれず、我が家にも黄色いボディの電気コンロがあった（メーカーは失念）。こうした昔ながらの電化製品のすばらしさは「とにかく壊れない！」こと。我が家の黄色いコンロも、僕の幼少期から高校を卒業するくらいまで現役を維持し、すき焼き、水炊き、おでん、しゃぶしゃぶなどなど、食卓の上で火を使う料理の場合は常に引っ張り出された。すき焼きやナベは、家族みんなが食卓に揃う日曜日に登場するメニュー。そのため、電気コンロの思い出は夕飯を食べながら眺めた「日曜日のアニメ」の記憶と結びついている（食事中のテレビは厳禁だったが日曜日だけは許されたのだ）。特に思い出すのは、一九七四年の『科学忍者隊ガッチャマン』→『サザエさん』→『マジンガーZ』→『アルプスの少女ハイジ』という「黄金のラインナップ」である。

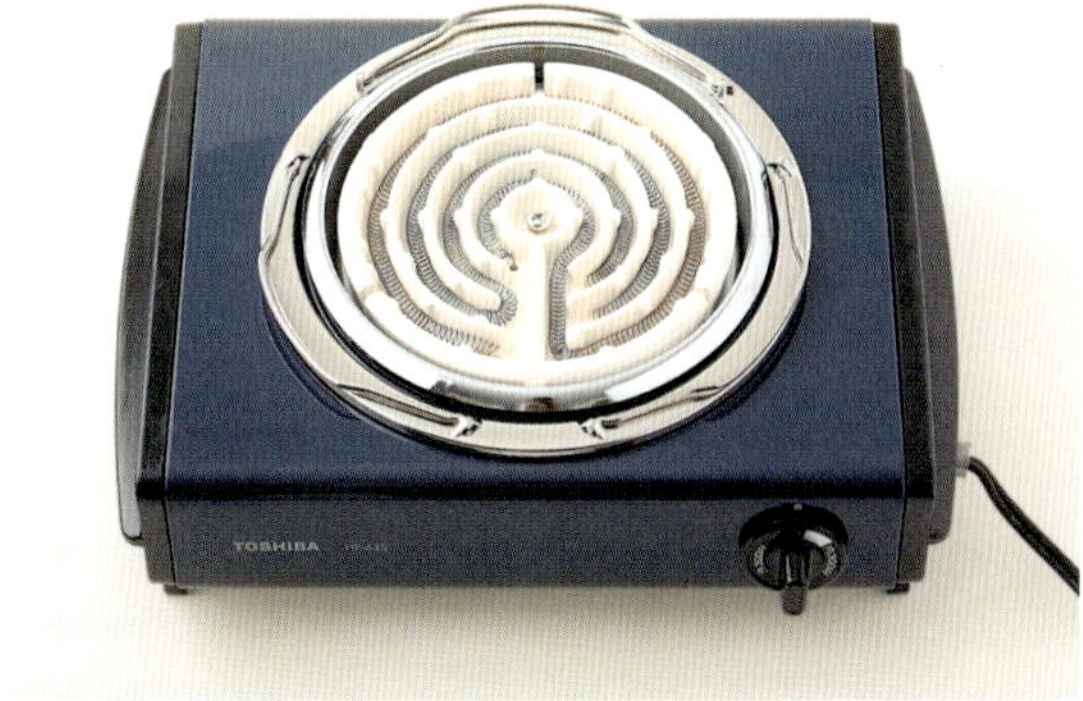

東芝では唯一の現行品電気コンロである。トースターやドライヤーにも用いられたニクロム線が発明されたのは、1910年前後の米国。これを応用し、芝浦製作所（現在の東芝）はストーブ、アイロン、電気座布団などを開発した。コンロも同時期の商品。当時は「電気七輪」と称した

●電気コンロ（HP-635）

発売年：1915年（写真は2005年発売のモデル）　価格：オープン価格
問合せ：東芝ホームアプライアンス株式会社／0120-1048-76

柳屋ポマード

その昔、町の床屋さんの店先には、なぜかショーウインドーみたいなものが設置されていることが多かった。その中には、いまひとつねらいのわからない置物類（コケシ、ガラス細工の白鳥、タバコの箱でつくったカサなど）のほか、飾ってあるのか、ただ置いてあるだけなのか、ヘアカット練習用の「生首マネキン」などがさらし首のように並べられていた。また、その床屋さんで使用する男性化粧品や整髪料も、このガラスケースの中に陳列するのが「ならわし」だったようだ。この「柳屋ポマード」には、そうした「床屋さんの展示品」としてよくお目にかかった記憶がある。

あまりなじみのない商品だと思っていたのだが、撮影用サンプルのフタを開けて「ああ！　これかぁ！」と一気に記憶がよみがえる。子ども時代、親類や知り合いのオジサンの多くがこの匂いを漂わせていた。あさましい話だが、この匂いから反射的に連想してしまうのは「お金」。この匂いのオジサンに「おお、大きくなったなぁ！」なんて抱き上げられたあとは、たいていおこづかいやお年玉がもらえたのである。

柳屋本店の創業は、なんと1615年。すでに江戸時代に香油メーカーとして一世を風靡していたそうだ。この「柳屋ポマード」は、リーゼントが流行した昭和30年代前半に男性用整髪料のトップシェアとなった。左は「柳屋ヘアトニック（中）」（1953年。892円）と「柳屋ヘアクリーム」（1957年。630円）

●柳屋ポマード（大）

発売年：1920年　価格：892円

問合せ：株式会社柳屋本店／03-3808-2654

オーバンド

魚屋さんで鯨のベーコンを買うと、オジサンはまず半透明の青いビニール袋を自分の手にかぶせ、その手を山盛りの樽に突っ込んでベーコンをつかみ出す。で、ビニールを裏返しながらサッと手を抜くと、手品のように「袋入りベーコン」が完成。間髪を入れず、かたわらの「オーバンド」の箱から輪ゴムをひとつ取り出し、袋の口をすばやく縛る。このとき、袋をクルクルッとまわして、仕上げに「パチーン！」とゴムを鳴らすのだ。この間、おそらく五秒ほど。見るたびに感服した。特にゴムで縛るとき、巻きつけるのではなく、袋のほうを回転させるあたりが「プロっぽい」のである。

これは七〇年代初頭の光景だが、当時から「オーバンド」はあの箱だった。「白鶴」のラベルや「メンソレータム」の缶を手がけた今竹七郎氏のデザインだ。メーカーの共和の前身は、自転車チューブ会社。在庫チューブを細く切って売り出したところ、結束材として評判を得た。その後、研究を重ねて完成したのが輪ゴムという画期的ツール。標準サイズの輪ゴムの大きさは、自転車チューブの直径がもとになっている。

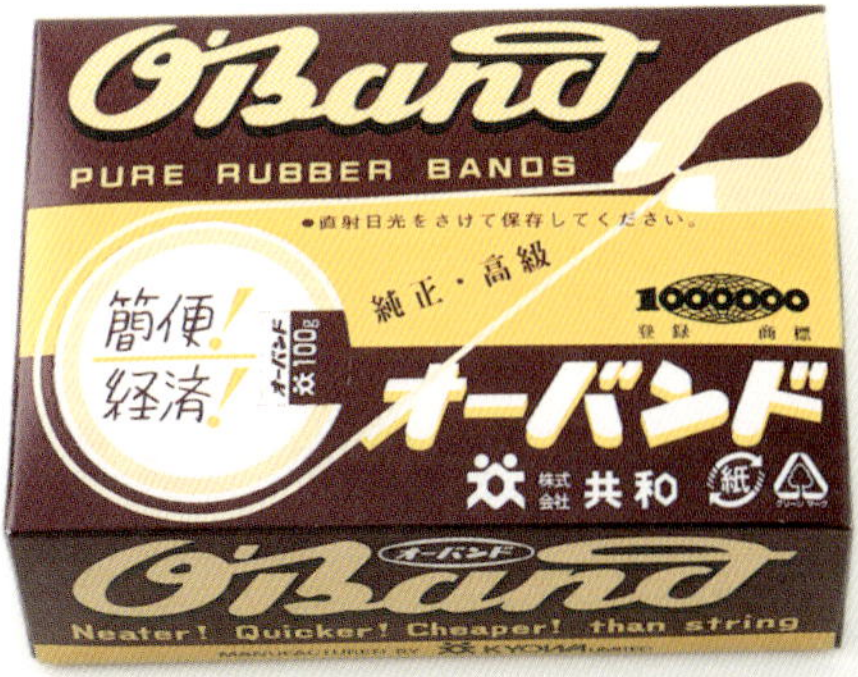

ゴム板を楕《だ》円形に切り抜いた輸入品のゴムバンドなどは、この商品以前にも普及していた。が、完全な円形をした輪ゴムは「オーバンド」が世界初。あの機能性はかなり複雑な製法によるもので、一時期に続々と出てきた類似品の追随を許さなかった。商品名の「オー(O)」は輪っかを表す

●オーバンド(標準バンド)

発売年：1923年　価格：オープン価格

問合せ：株式会社共和／06-6658-8211

ハクキンカイロ

「ホカロン」登場以前は、カイロといえば「ハクキンカイロ」である。幼少期に祖父が使うのを見ていたが、なんだか非常にうらやましかった。「危ないから」と触らせてもらえず、よけいに魅力的に映ったのかもしれない。鏡のようにメタリックな流線形。表面にはクジャクの刻印。細々とした専用の付属物なんかもあって、なにやらモノとしての魅力にあふれている。祖父がカチャリとカイロのフタを開き、慎重な手つきでベンジンを注入しているのを見たりすると、なぜか「カッコイイ!」なんて思ってしまう。単に寒がりのおじいさんがカイロに油を足しているだけなのだけど。

発明したのはハクキン創業者の的場仁市氏。プラチナの触媒作用によってベンジンを気化させ、炭酸ガスと水に分解されるときの熱を応用している……らしいのだが、実は資料を丸写ししているだけで、なにがなんだかわからない。ともかく、「ハクキンカイロ」の温かさは「中で火が燃えているから」ではないということを初めて知った。あの小さな金属カプセルの中には、「化学技術」がギュッと詰まっているらしい。

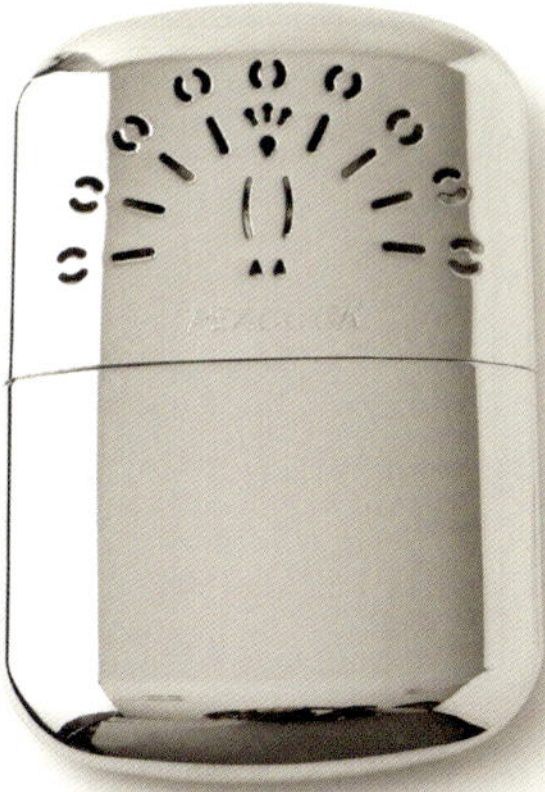

●ハクキンカイロPEACOCK

発売年：1923年　価格：3150円

問合せ：ハクキンカイロ株式会社／06-6459-1020

ほぼ当時のままのシンプルでメタリックなデザインの本体はもちろん、ベンジンのボトルに描かれた謎のおじさんマーク、ベンジン補充用のカップなども懐かしい。セットにはカップとカバーが付属。ベンジンは別売り（710円）

オンリーワン水枕

『まだある。』シリーズの仕事をしていて思い知らされるのが、忘れていた記憶をもっともリアルによみがえらせてくれるのは「匂い」である、ということ。この昔ながらの「オンリーワン水枕」についても、箱を開けて久しく忘れていたゴムの匂いをかいだとたん、単に「懐かしい」というより、タイムスリップしてしまったかのような錯覚にとらわれた。小学生時代、この香りをかいでいるときは、もちろん決まって風邪をひいて発熱している状態。「匂い」の記憶とともに、寝床の中、熱のためにフワフワ状態になった頭で、「今ごろ、クラスの連中はなにをしてるのかなぁ?」なんてぼんやり考えていた妙に心細い気持ちが体感として再現されてしまう。

メーカーの浪華ゴム工業は、明治時代からゴム糊を塗った布でつくった「冷枕」、純ゴムを貼り合わせた初のゴム製水枕「白色ゴム水枕」などを製造してきた老舗。大正時代に完成した「オンリーワン水枕」は業界初の「継ぎ目なし」構造で、以降の水枕の姿を決定づけた傑作だ。日本で唯一の「JISマークつき水枕」でもある。

左の写真上は、スリムなデザインで肩や背中を冷やさない「ボックス型」(3570円)。下は、子どもの頭が安定する小ぶりの「幼児用」(3000円)。付属する独特の「とめ金」も懐かしい

●オンリーワン水枕

発売年:1925年　価格:3150円
問合せ:浪華ゴム工業株式会社/0745-52-5681

ケロリン

「ケロリン」といえば銭湯の黄色い風呂桶。「銭湯文化」を象徴するものとしてレトロ雑貨屋さんに並んだり、映画『テルマエ・ロマエ』にも登場したりしているので、銭湯に縁のない若い世代にもおなじみだろう。先ごろ、桶の販売元の睦和商事が経営破綻し、あわや製造中止か？　とも思われたが、「ケロリン」自体を製造販売する内外薬品が桶の販売を継承することを決定。レトロ好きたちは胸をなでおろした。

「ケロリン」は大正時代に誕生した解熱鎮痛剤。当時は画期的だったアスピリンに、生薬の桂皮《けいひ》を配合したものだ。発売直後、またたく間に全国に普及し、コピー商品が続々と登場するほどヒットした。商品名は、「ケロッと痛みが治る」ことから。

一方、「ケロリン湯桶」は一九六三年に登場。宣伝活動の一環として、桶を扱う睦和商事と独占広告契約を結んで製造された。丈夫さから「永久桶」と称されて人気となり、全国の銭湯、温泉に普及した。ちなみに、桶には大きな関東サイズと小さな関西サイズが存在する。関西では「大きな桶はお湯のムダ」とされるからだそうだ。

ほかに「12包入」(735円)、「64包入」(2625円)がある。頭痛、生理痛に早く効き、眠くならないのが特徴。現在も放映されるCMの「♪青空　晴れた空」という歌は1958年につくられた。作詞がサトウハチロー氏、作曲が服部良一氏、歌が楠トシエさんという豪華なメンバーによる作品

●ケロリン(28包入)

発売年：1925年　価格：1365円

問合せ：内外薬品株式会社／03-3254-3261

スモカ歯磨

大正時代に寿屋（現在のサントリー）から発売された「ヤニとり歯みがき」の元祖。当時、「歯みがき粉」といえば文字どおりの粉末だった。しかも袋入りだったため、使用時に粉が飛び散ってしまうのが難点だったそうだ。そこで寿屋は従来の「歯みがき粉」に少しだけ水分を含ませた「潤製歯みがき粉」を開発。「タバコのみの歯みがきスモカ」として全国のタバコ屋さんで発売した。企画に携わったのは日本のコピーライター第一号といわれる片岡敏郎氏。多種多様な新聞広告によって「スモカ」の名は全国に知れわたる。その後、一九三二年、寿毛加社（現在のスモカ歯磨）が寿屋から販売権を継承。同社が五一年に新日本放送（現在の毎日放送）で放映した「スモカ」の六〇秒スポットは、国内で初めての本格的なテレビCMとされている。「スモカ」といえば、モクモクと煙をあげるパイプのイラスト。子ども時代は、いかにも「大人の歯みがき」という印象だった。二〇〇一年に缶のデザインが大幅にリニューアルされたが、パイプのイラストも、あの独特な字体のレトロなロゴも健在だ。

「赤缶」はオーソドックスなタイプ、「緑缶」にはタバコ臭さを消す口臭予防成分（葉緑素）を配合。現行品のような「徳用缶」としての発売は「赤缶」が1960年、「緑缶」がその翌年。一部機械化されたものの、基本的な製造法は発売以来ほぼ変わらず、缶に詰める工程などは今も手作業だ

●スモカ歯磨（左：緑缶、右：赤缶）

発売年：1925年　価格：各315円

問合せ：スモカ歯磨株式会社／06-6471-0151

固形　浅田飴

4ページで紹介したような経緯で売り出された「浅田飴　水飴」だが、「携帯に不便」という弱点があった。そこで、さまざまな方法で固形化が試みられ、一九一五年にサイコロ形のキャラメルタイプが発売される。しかし、今度は「夏場に溶けてしまう」という弱点が発覚。さらに試行錯誤を続け、二六年に糖衣で包んだ碁石形のキャンディータイプ、つまり、ほぼ現行品と同じスタイルの「固形　浅田飴」が誕生した。

一気に時代が飛んで高度成長期の六二年、明治時代からニッキ味のみで通してきた「浅田飴」に新フレーバーが登場する。このころの日本人の生活の急速な洋風化に合わせて開発されたクール味だ。これが大ヒットを記録し、売り上げも急上昇。歯車のような模様の印象的な缶も、このタイミングで採用された。僕の子ども時代、固形の「浅田飴」といえばクール味で、ＣＭも固形タイプはクールに特化したものが多かった。水飴ＣＭの顔は永六輔だったが、クールのＣＭは黒柳徹子。若かりしころの彼女が、あの青い缶を持って激しく踊っていたのを覚えている。

長らくクール&ニッキのコンビで販売されていたが、1986年に新フレーバーとしてピンクの缶のパッション味が登場。それまでの大人を対象にした落ち着いた感じのCMが一気に様変わりして、南野陽子や仙道敦子が起用され、若者向けのイメージが打ち出された

●固形 浅田飴

発売年：1926年　メーカー希望小売価格：各870円
問合せ：株式会社浅田飴／03-3953-4044

カメヤマローソク

この濃紺の箱を目にしただけで、なんだかちょっと態度があらたまるというか、思わず「いや、このたびは、どうも、本当に……」みたいな忌事モードになってしまう。ローソクの国内トップシェアを誇る「カメヤマローソク」は、それほどまでに仏壇、もしくはお寺のイメージと密接に結びついている。が、創業時のカメヤマを支えたのは、こうした「しんみり系ローソク」だけではなかったのだそうだ。むしろ仏事とは真逆の「華やか系ローソク」の製造こそが、同社の成長のきっかけとなったという。

三重県亀山市は昔からローソクの主要生産地。カメヤマは昭和初期にこの地で創業した。が、すでに電灯普及率は九〇%を超えている時代。ローソクは神仏用か停電時に使用されるだけの商品だった。で、新市場開拓のために考案したのが「らせん形バースデーキャンドル」。今も雑貨屋さんなどでよく見かけるカラフルなネジネジローソクだ。これが輸出先の米国で大ヒットを記録し、カメヤマは一気にトップ企業となった。さらに、結婚披露宴のキャンドルサービスを考案したのも同社なのだそうだ。

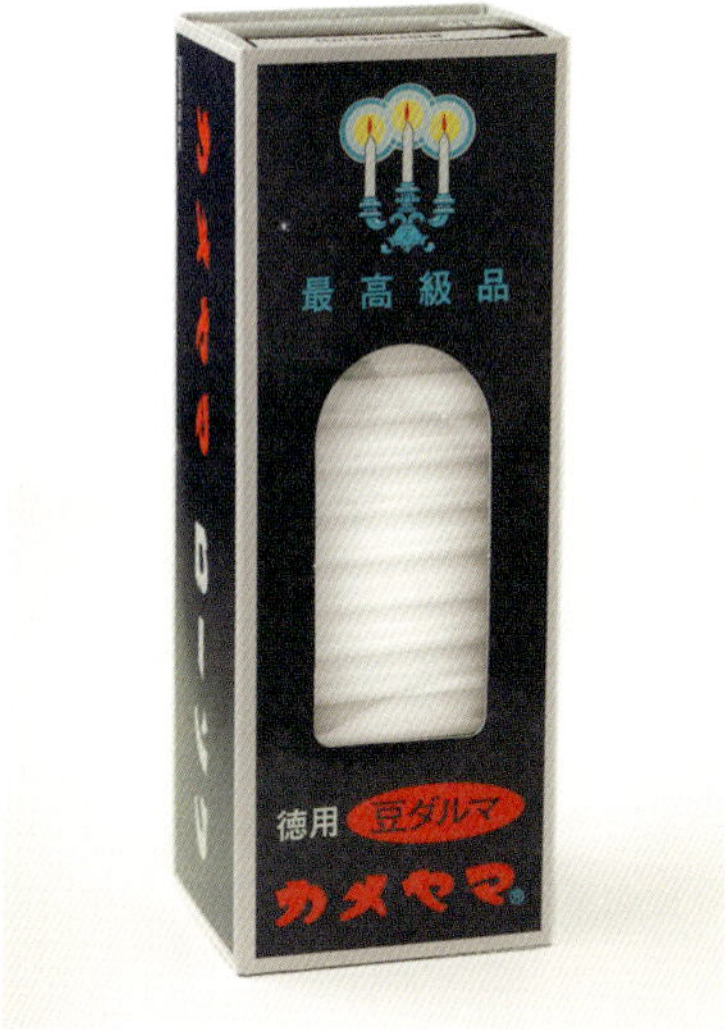

●カメヤマローソク(徳用豆ダルマ)

発売年：1927年　価格：557円

問合せ：カメヤマ株式会社／03-5117-3573

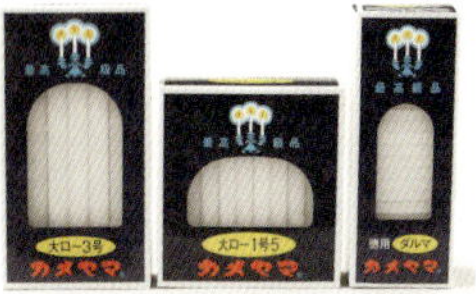

写真左から「大ローソク3号」(462円)、「大ローソク1号5」(462円)、「小ローソク徳用ダルマ」(557円)。現在では、バースデーキャンドルなどは同社「BBC」ブランドで販売されている

国光オブラート

もの心がつきはじめたころ、風邪などで熱を出すたびにやたらと「ペニシリン」という薬を飲まされた。ジュワッとするような鋭い苦みのある薬だった。もう三十数年間も口にしていないのに、こういう文章を書いていると今もあの味が口の中に再現される。で、「ペニシリン」服用のたびにお世話になったのが、このオブラートだ。

メーカーの資料によれば、オブラートを用いて薬を飲む際は、「薬を包んだら手早く水につけて表面を濡らす」とある。でないと、口の中に貼りついてやぶけてしまうそうだ。これはまったく知らなかった。親も知らなかったのだろう。「ペニシリン」を飲むたびに、オブラートが口の中でやぶけ、鋭い苦みで舌先がピリピリした。

思い出すのは「苦み」ばかりではない。たとえば、駄菓子屋の「棒つき水飴」。割り箸の先の宝石のような水飴は、なぜかオブラートに包まれていた。口に含むと、まずオブラートの淡いでんぷんの味がして、その後、水飴のヒンヤリ感と強烈な甘さがフワッと広がる。あのオブラートの淡泊な風味は、すばらしい前座だった。

国光オブラートは1927年からオブラート製造を続ける老舗メーカー。丸い容器は紙製からプラ製に変化したが、クラシックなラベルのデザインは昔のままだ。薬を包みやすい「薬用補助具」つき。原料はジャガイモやサツマイモなど、天然のでんぷんを「アルファ化」したものだそうだ

●国光オブラート（特大200枚入）

発売年：1927年　希望小売価格：450円（税抜）

問合せ：国光オブラート株式会社／054-271-1311

牛乳石鹸

「♪牛乳石鹸　よい石鹸」のＣＭソングでおなじみ。お歳暮やお中元などでも、よく「赤箱」「青箱」の詰め合わせをもらったものである。ところで、この「赤」「青」の違いをご存じだろうか？　今回の取材で初めて知ったが、「赤」は「しっとり」した洗い上がりが特徴のローズの香り、「青」は「さっぱり」系でジャスミンの香り……なのだそうだ。その名のとおり、どちらも新鮮な牛乳からつくられたミルクバターを配合している。「青」が発売されたのは初代「赤箱」発売から約二〇年後。ほかに「青箱」と同時に発売された「白箱」や、九州限定の「緑箱」も存在した。

シンボルマークの牛も時代とともに変化しており、初期はかなりリアル。徐々に洗練され、現在のシンプルなデザインになった。また、冒頭で紹介した「牛乳石鹸の歌」だが、作詞・作曲は日本のＣＭソングの始祖、「ミツワ石鹸」や「明るいナショナル」の歌でも知られる三木トリロー（三木鶏郎）氏。三番まで続く歌詞には「クレオパトラ」や「小野小町」が登場し、「牛乳石鹸」の「よい石鹸」ぶりが讃《たた》えられている。

今も昔ながらの釜だき製法で製造。発売は戦後混乱期の物資不足の時代だが、「こんな時代だから」とあえて花の香りを付加。戦火をまぬがれた貴重な香料を配合した。2013年、「赤箱」のデザインがリニューアルされた

●牛乳石鹸

発売年：1928年（青箱は1949年）　価格：青箱84円、赤箱105円
問合せ：牛乳石鹸共進社株式会社／06-6939-2080

国民ソケット

なにやら「ものすごいソケット」をイメージさせる大仰な商品名なのだが、実体は昔ながらの普通の「電球ソケット」である。が、実はこれが本当に「ものすごい」商品なのだ。なにしろ「松下電器はこのソケットからはじまった」といわれるほどの超大ヒット商品。「よく売れた」というレベルではなく、ほぼ国内の全家庭で必須の器具となっていたらしい。商品名に冠せられた「国民」もダテじゃないのである。

「なぜそれほどまでに売れたのか?」については諸説あり、「普通電球と豆球を切り替えられるからスゴイ!」説、さらに「普通電球、豆球、差し込みプラグの三つ又ソケットがスゴイ!」説など、資料によって意見が分かれている。また、発売年を一九三五年としている資料も多いが、メーカーによれば「国民ソケット」第一号の発売は二九年。二又でも三つ又でもなく、電球がつくだけの「ただのソケット」が元祖なのだとか。「国民ソケット」はシリーズ名なので混乱しやすいが、二九年発売の初期型が普及した後、再び三五年の進化形が大ヒットを記録した、ということなのだろう。

写真左は70年代発売の「キーソケットWW1001」(231円)。70年代から変わっていない、っていうか、1929年発売の「国民ソケット」第1号とほぼ同型。右の二叉タイプより、個人的にはこっちのほうが懐かしい。子どもはスイッチに手が届かず、電気をつけるために踏み台などを使ったものだ

●国民ソケット(2号新国民ソケットWH1021/写真右)

発売年:1929年(写真は70年代前半に発売したモデル)

価格:588円　問合せ:パナソニック株式会社/0120-878-365

仁丹

「仁丹」は「おじいちゃんの匂い」である。その味、というより香りは、「おじいちゃん」としか形容できない。が、実際に自分の祖父がそれほど「仁丹」を愛用していたのか……と考えてみると、特にそんな記憶はない。「仁丹」が醸し出す「おじいちゃん」のイメージは、実在する具体的な「おじいちゃん」というより、日本人が共有する「おじいちゃん一般」のイメージだ。が、「仁丹＝おじいちゃん」という概念は、今の若い人にはピンとこないかもしれない。かつては、よく電車の中などで「仁丹」臭い「おじいちゃん」に出くわしたが、最近ではほぼそういうことはなくなった。七〇年代はキヨスクの定番商品だったが、今では駅で売られることも少なくなっている。

「仁丹」は森下仁丹創業者の森下博氏が、万病に効くとされる台湾の丸薬をヒントに開発した。前身となる「赤大粒仁丹」はベンガラで着色されていたが、おなじみの「銀粒」の銀色は文字どおり銀（除菌効果がある）。また、商標の「ヒゲおじさん」は軍人ではなく外交官なのだそうだ。「薬の外交官」という意味が込められている。

●仁丹（ビン入　3250粒）

発売年：1929年（ビン入の発売は1935年ごろ）
価格：1575円
問合せ：森下仁丹株式会社／06-6761-0003

マッチ箱のような紙製バラエティケース入りの「仁丹」（368円）。かつてはキオスク、タバコ屋さんの定番商品だった。数年前まで存在していた「梅仁丹」「グリーン仁丹」は残念ながら販売終了

カモ井のリボンハイトリ

誕生以来、シェア・ナンバーワンの座を維持しつづけるリボン式の「ハエとり紙」。七〇年代の東京では、こうした「ハエとり紙」を家庭で使う習慣はすでになくなっていたと思う。が、商店街の市場などでは、この黄色いテープが何本も天井からぶら下がっていた。殺虫剤をまき散らすわけにはいかない食品店などでは、とても重宝されていたのだろう。子ども時代、無数のハエが付着したテープの真下を歩くのがとても怖かった。気持ちが悪くて、なるべく見ないようにしていたことを覚えている。

東京オリンピックを境に、日本の衛生状態は見違えるほど改善された。六〇年代以前、ハエの多さは深刻な社会問題であり、政府が「ハエとりデー」を制定して「ハエ退治」のキャンペーンを展開したほど。「カモ井のハイトリ紙」（床などに置いて使うシート状のもの）は、そんな時代に登場した画期的な商品だった。続いて発売されたリボン式も大人気となり、カモ井の名は全国に知れわたる。そして現在、「リボンハイトリ」は海外でも大活躍。世界中のハエをつかまえまくっているそうだ。

●カモ井のリボンハイトリ

発売年：1930年　価格：390円
問合せ：カモ井加工紙株式会社／086-465-5812

こちらは元祖ハエとり紙「カモ井のハイトリ紙」(1923年。390円)。平紙タイプで、ネズミも捕獲可能。ちなみに、「ハエ」を「ハイ」と発音するのは岡山の方言なのだそうだ

ドルックス

かつて、日本の家庭には必ず「鏡台」という家具があった。要するに「和風ドレッサー」で、畳の上で正座して使用することが前提の設計だ。細長い三面鏡がパタパタと折りたためるタイプや、風呂敷のような布のかかった一枚鏡のものが主流だった。子ども時代、なんとなく触れてはいけない感じのする母親の「鏡台」を遠目に眺めながら、「ゴチャゴチャしたビンやら道具やらがいっぱいのっかってるなぁ」などと思っていた。そうした「ゴチャゴチャ」のなかに混じっていたのが、この資生堂が誇る最古参の化粧品シリーズ「ドルックス」である。淡い紫色の液体が入ったビンと、白いものが底に沈殿していたグリーンのビンをはっきり覚えている。

シリーズの最初の発売は一九三二年。モダンな「高級化粧品」として登場した。印象的な唐草模様などの意匠を手がけたのは、いわゆる「資生堂デザイン」を確立した山名文夫。現在、レトロ感、値ごろ感、質の高さが口コミで広まり、特に若い人の間で人気を集めている。愛用者は「ドルラー」などと呼ばれているそうだ。

写真左から「フレーシュボーテ」(乳液)、「オードルックスノーマル」(化粧水)、「ナイトクリーム」。シリーズの顔ともいえる「オードルックスノーマル」は1952年に発売された。また、58年に発売された「ドルックスオーダレス」は日本初の無香料化粧品だ。ブランド名は「デラックス」を意味する仏語

●ドルックス

発売年：1932年

価格：オードルックスノーマル630円、フレーシュボーテ840円、
ナイトクリーム840円

問合せ：株式会社資生堂／0120-81-4710

丹頂チック

「仁丹」と並んで「おじいちゃんの匂い」のする代表的商品。我が家にも祖父専用の「丹頂チック」が常備されていた。子ども時代、なんとなく興味を覚えて手に取ってしまったことがある。ケースの底を押すとスティック状のチックがスルリと伸びるのを見て、「あ、おもしろい」。こうなると、子どもとしては限界まで伸ばしてみないと気がすまない。が、この容器は中身を出しすぎると戻らなくなるのだ（注意書きにも書いてある）。結局、両親からはしかられ、祖父は「まぁ、いいよ、いいよ」と苦笑い。それ以後も、同じような失敗を母親の口紅やスティック糊などでやらかした。

「丹頂チック」は金鶴香水（後の丹頂。現在のマンダム）が従来の「びんづけ油」に代わる整髪料として発売し、当時は「業界の寵児《ちょうじ》」と呼ばれるほどヒットした商品。チックといえば、そのまま「丹頂」を意味するほどに認知された。あの独特の匂いはラベンダーの香りなのだそうだ。ちなみに、チックは「コスメチック」の略。本来は化粧品全般を意味するが、日本ではポマードよりもハードな男性用整髪料を指す。

国産初の植物性チック。従来の鉱物性商品は気温が高くなると変質してしまったのだそうだ。基材となっているのはヒマシ油。メーカーは金鶴香水→丹頂→マンダムと社名を変えているが、このように時々の大ヒット商品の名前をそのまま社名に採用する習慣は、かつての老舗企業にはよく見られた

●丹頂チック

発売年：1933年　価格：735円

問合せ：株式会社マンダム／06-6767-5020

トクホン

両親はしょっちゅう「ああ、肩がこったぁ」と言っていた。子どもには、この「こる」という感覚がわからない。幼少時、ときおり「ちょっと肩もんで」とか「たたいて」なんてことを親に命じられたが、どうも苦手だった。「こる」がわからないので、「もむ、たたく」の効果もわからず、いくらやっても達成感がないのでつまらない。しかも、どのくらい続ければ「完了」になるのかがわからず、子どもには「先の見えない仕事」なのだ。すぐに飽きて逃げ出し、親からは「もう！」などと言われていた。

というわけで、我が家には「トクホン」、もしくは「サロンパス」が大量に常備されていた。「サロンパス」より三〇年先んじて発売された「トクホン」は、昭和初期の「天来」というシール状膏薬を参考に開発された商品。完成させたのは鈴木日本堂（現在のトクホン）創業者の鈴木由太郎氏。商品名は江戸時代に「医者の神様」と称された永田徳本の名からとられたが、当時、業界には「キンカン」「ノーシン」など、「四文字で最後が『ン』」の商品がヒットする、というジンクスがあったそうだ。

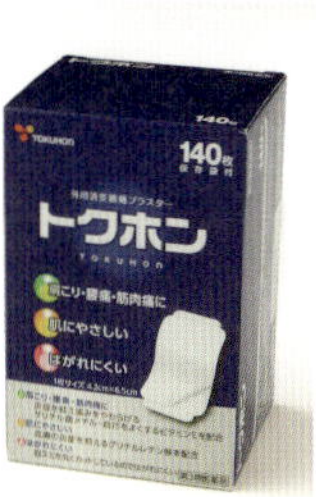

「トクホン」のCMは、ラジオ、テレビの民間放送開始当初から放送されつづけている。テレビで流れた日本初の生CMも「トクホン」。トニー谷が司会を務める公開番組中に放映された

●トクホン

発売年：1933年　価格：1575円(140枚)
問合せ：株式会社トクホン／0120-687-355

カネヨクレンザー

昭和初期までは、日本の家庭でモノをみがく際には、砂や火山灰を原料とする「みがき砂」なるものが用いられていた。やがて米国からクレンザーが輸入され、国産品も登場しはじめる。このカネヨの「赤函《あかばこ》」は最初期の国産クレンザーだ。箱に描かれたエプロン姿の若奥様は、発売当初は清楚な和服をお召しになっていたのだとか。

本来、クレンザーは「万能洗剤」。かつては風呂やトイレの掃除もクレンザーでまかなったという。その後、「トイレ用」「風呂用」と銘打った商品が売り上げを伸ばし、結果、今のように何種類もの洗剤が各家庭にひしめくようになる。考えてみれば、掃除する場所ごとに使用する洗剤が違う、というのも不自然な話だ。用途を限定した専用洗剤をつくれば市場を拡大できる、という企業の思惑があったのだろう。

カネヨの社長さんによると、今の若い世代はクレンザーを使わないという。「○○用とか書いてないから使い方がわかんない」らしい。核家族化で日用品の利用法が継承されず、若年層にいわゆるマニュアル人間が増えたから、というのが社長の分析。

●カネヨクレンザー

発売年：1934年　価格：95円

問合せ：カネヨ石鹸株式会社／03-3892-7151

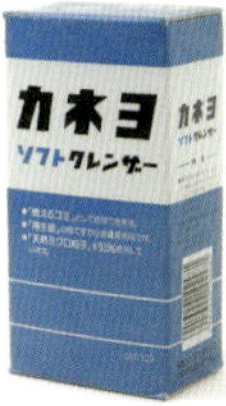

こちらは「ソフトクレンザー」(95円)、通称「青函《あおばこ》」。60年代、これらの粉末クレンザーは液体洗剤の登場で売り上げを落とす。そこで開発されたのが、その後の看板商品となる「『カネヨン』でっせ！」

ロゼット洗顔パスタ

ロゼットといえば、商品キャラクターの「白子さん」（色白美人）と「黒子さん」（「白子さん」とほぼ同じ造形の色黒美人）。当時のテレビCMでは、ギョロッとした目玉のすぐ下に大きな口のあるユニークな顔立ち（鼻がない）の二人が、露天風呂の中やヨットの上などでペラペラとかしましくおしゃべりしていたものだ。

このキャラを生み出したのは当時の社内デザイナー。「白子さん」は創業者である原敏三郎氏の奥様、「黒子さん」はその姪にあたる方がモデルなのだとか。肌のトラブルで悩む「黒子さん」に「白子さん」が「ロゼット」の効用を説く「おしゃれ問答」広告のシリーズは、テレビではアニメ、雑誌ではマンガで展開されて話題になった。

ニキビ治療薬の研究者だった創業者の原氏は、温泉が肌をスベスベにすることに着目し、硫黄を用いた「レオン洗顔クリーム」を開発。これが一九五一年、「ロゼット」と改名される。通常の化粧クリームの三倍以上という高値で発売されたにもかかわらず、品質の高さと独自の宣伝戦略で六〇年代を代表する一大ヒット商品となった。

中ブタを押すと中央の穴からニュルッとクリームが出る独自のシステム。清楚な淡い香りは、幼児のころにかいだ「70年代のお姉さん」が漂わせていた匂い……ってちょっと変態的？

●ロゼット洗顔パスタ（左：荒性肌用、右：普通肌用）

発売年：1934年（荒性肌用は1965年ごろ）　価格：各682円

問合せ：ロゼット株式会社／0120-4871-66

ライオンホワイトクレンザー

昔ながらの紙筒入りの粉末クレンザー。六〇年代まではカネヨなどの四角い紙箱クレンザーが主流だったが、七〇年代になると各社が丸筒タイプを売り出し、これがスタンダードなスタイルとなった。フタと底が金属板、残りの部分はすべて紙製。フタのシールをはがすと、「ふりかけ」の容器のようにポツポツと穴が開けられている。まさしく「ふりかけ」のように、パサッパサッとふりかけて使用するのである。紙製なので水には弱く、その昔、流し付近に置かれたこの種のクレンザー容器は、たいてい水を吸ってフニャフニャになっていたものだ。昔の「バスクリン」も同様のスタイルで、カラッポになった容器をお風呂のお湯につけてやわらかくすると、クルクルと帯のようにほどけて、一本の厚紙のテープになってしまうのがおもしろかった。

ライオンが自社の名を冠した「ライオンクレンザー」(業務用としてまだある)を発売したのは一九三五年。七八年に「ホワイト」を名称に追加し、印象的な銀筒を採用した(改称の年代についてはメーカー側も曖昧《あいまい》。八〇年代初頭という説もある)。

いかにもきれいにみがけそうなピカピカの容器のデザインは昔のまま。この種の丸筒クレンザーは市場に出まわらなくなりつつあり、メーカー担当者も「店頭にはほとんど置かれてない」と語っていた。が、なぜか唯一、花王の「ホーミング」はしっかり現役の座を維持しており、やたらと発見率が高い

●ライオンホワイトクレンザー

発売年：1935年(「ホワイトクレンザー」としては1978年)
価格：オープン価格
問合せ：ライオン株式会社／0120-556-973

クラブ ホルモンクリーム

花形のキュートな容器が印象的な女性ホルモン配合の保湿クリーム。ほぼ同じデザインのガラス容器で昭和初期から販売が続けられている超ロングセラー化粧品で、「祖母の代から愛用している」という熱烈な愛用者が多い。

「クラブ洗粉」と並ぶ中山太陽堂（現在のクラブコスメチックス）が発売した看板商品だが、開発当時、女性ホルモンに美容効果があるらしいということは判明していたものの、そのメカニズムや実用方法についてはまったくわかっていなかったそうだ。同社の開発部門である中山化学研究所は、主にイギリスの研究成果をもとにしてさらなる研究を重ね、ホルモンの化粧品への利用法、配合法を考案した。

ホルモン配合第一号商品「綜合ホルモン配合クラブ乳液」をはじめ、同社は次々とホルモン化粧品を発売。なかでも大ヒットを記録したのが、一九三五年に発売された「薬用クラブ美身クリーム」だ。愛用者からは「ホルモンクリーム」の愛称で親しまれ、現在ではこの愛称が正式商品名に採用されている。

かつての「薬用クラブ美身クリーム」が現在は「クラブ ホルモンクリーム」として販売されているが、「美身クリーム」も現行商品「クラブ 美身クリーム」（左の写真）として健在（756円）。ややこしいが、こちらはホルモンではなく、ローヤルゼリーエキスを配合した保湿クリームだ。容器は昭和初期のデザインを継承

●クラブ ホルモンクリーム
発売年：1935年　価格：630円
問合せ：株式会社クラブコスメチックス／06-6537-2932

カネヨレモン(レモン石鹸)

小学校の手洗い場では、なぜかミカン(正確には駅売りの冷凍ミカン)を詰めるビニール製の朱色ネットに「レモン石鹸」が入れられ、カーブした蛇口がキュッと上を向く特殊な形の水道にくくりつけられていたものだ。ザラッとしたネット越しに「レモン石けん」を泡立てる感触は、今も両の手のひらに残っている。手洗い場の壁には「手の洗い方」を解説するポスターを貼り、蛇口にはネット入り「レモン石けん」。これは地域や世代に関係なく、全国の小学校共通の「しきたり」だったらしい。

レモン石けんの歴史は古く、戦後すぐに発売されたカネヨ製も元祖というわけではない。どこの誰が「レモン形の石けんをつくろう」という秀逸なアイデアを最初に思いついたのかは不明だが、カネヨの社長さんによれば「愛らしい形とフルーツの香りが特に子どもたちに喜ばれた」ということで、昔から学校にはつきものの商品だったそうだ。現在も多くの学校に納入されているようなので、平成っ子たちもやがて大人になったとき、あの香りに包まれながら手を洗ったことを懐かしく思い出すだろう。

4個パック(126円)もある。新品状態はかなり角ばっているが、使っているうちによりレモンっぽい形になる。袋には「浴用」と書かれているが、かつては銭湯などにも常備されていたそうだ

●カネヨレモン

発売年:1946年　価格:283円(8個入り)
問合せ:カネヨ石鹸株式会社／03-3892-7151

両用状差し

「状差し」といわれてもピンとこないと思うが、ちょっとクラシックな喫茶店、つまり、店全体が薄暗くて、棚にコケシやら貝殻細工やらトーテムポールやらがゴチャゴチャと飾ってあって、窓にはポンポンのついたレースのカーテンが掛かっていたりするような場末の「純喫茶」でコーヒーを飲み、伝票をひっつかんでレジのお姉さんに渡すと、お姉さんは「はい、四五〇円」と無愛想に言いながら伝票を針のついた台みたいなモノにブスッと刺す。その「針のついた台みたいなモノ」が「状差し」だ。

たまにプラスチック製の現代的なタイプも見かけるが、たいていは深緑色の台座がついた金属製のものだと思う。この異常に高いシェアを誇っている商品が、カール事務器の「両用状差し」である。「両用」とあるのは、支柱の角度を変えることにより、ひとつで「据え置き状差し」にも「壁掛け状差し」にも使用できるから。メーカーのカール事務器（当時は三萬堂百貨工場）が、戦災で焼失した製作所を再建したころに発売された商品。以来、六〇年以上にわたってデザインはまったく変わっていない。

●両用状差し

発売年：1948年　価格：630円
問合せ：カール事務器株式会社／
03-3695-5379

右が「壁掛け」状態（この状態で使われている現場は見たことがない）。発売元のカール事務器は、『まだある。文具・学校編』で紹介した「電話番号早見器」など、渋い長寿商品を多数揃えているメーカー

蚊帳

「蚊帳体験」を「持っている／持ってない」の境目は、どうも六〇年代後半に生まれた我々の世代あたりにあるらしい。ほんの少し年上の人たちはたいてい「夏の思い出といえば蚊帳だよね」と言うし、同年代以下の人たちは「実物を見たこともない」と語る。世代差だけでなく地域差もあるだろうが、七〇年代の東京ではほぼ絶滅していたのだと思う。少なくとも我が家の近所で蚊帳を使用している家庭は皆無だった。

地域差といえば、老舗の蚊帳メーカーであるタナカの社長さんからおもしろいお話をうかがった。出身地の違う人たちが集まって蚊帳の話をはじめると、必ず「色の問題」が勃発するのだそうだ。沖縄や九州で蚊帳といえば全体がブルー一色、四国や山陽、山陰、近畿あたりになると「すそぼかし」と呼ばれるグラデーション入りのブルー、中部以東ではグリーンになるらしい。なぜこのような地方ごとの色分布が生まれたのかは不明だという。現在は全色を扱う店舗が各地にできたが、その昔、集団就職で西から上京した人たちは、緑の蚊帳を見てかなりのショックを受けたのだとか。

これが東京のスタンダードとされるグリーンの蚊帳。3～10畳までのサイズがあり、カラーはほかにブルー、すそぼかし、そして定番の生成り。昔ながらの麻製の蚊帳は涼しげでイイ感じなのだが、洗濯ができない。現在は洗濯可能で扱いやすいナイロン蚊帳、簡単に張れるワンタッチ蚊帳などが主流

●蚊帳（片麻グリーン無地大蚊帳）

発売年：1949年　価格：19280円（6畳用）

問合せ：タナカ株式会社／0776-41-3820

ピカール金属磨

七〇年代の終わりごろまで、東京には小さな工場がひしめいていた。多くが平屋建ての町工場。どれもガレージのような構造で、入り口は開けっ広げ。男の子たちはおもしろがって、よくオジサンたちの仕事を眺めた。電動カッターやグラインダーから派手に火花が散ると歓声があがる。入り口横には金属の削りクズが山になっていて、触ろうとすると「手が切れるぞッ!」とどなられる。あたりには機械油が大量に流出し、雨が降ると虹色の水たまりができた。金属的な匂いと騒音に満ちていたが、別に臭いともうるさいとも思わなかった。むしろ、夏の日などに遠くから聞こえる機械音や、漂ってくる油の匂いには、妙に眠気を誘うのんびりとした風情があったと思う。

そうした町工場には、必ずこの「ピカール」の缶が、黒い油にまみれたボロ布などと一緒に転がっていた。あまりに見慣れていたために「あれはなんだろう?」と考えてみたことさえなかったのだが、今回の取材で初めて「金属みがき」であることを知った。フタを開けてみると、幼少時に親しんだあの懐かしい「金属の香り」が漂った。

日本磨料工業の看板商品。クレンザー状のドロリとした液体で、真ちゅうや銅、ステンレス、アルミなどの金属、さらにプラスチック製品などのツヤ出しに使用する。半世紀以上にわたって「金属みがきの決定版」の座を維持しつづけており、今もプロの現場には必ず常備される名品

●ピカール金属磨

発売年：1949年　価格：441円(300g缶)

問合せ：日本磨料工業株式会社／03-3441-6231

マダムジュジュ

「二五歳はお肌の曲がり角」なんてことを昔からよく聞くが、この「二五はもうヤバい」説を最初に広く普及させたのが「マダムジュジュ」の広告である。当時の広告には、「二五才……それは、今まで若さにあふれていた肌にそろそろ小ジワがちらほら見えはじめる年齢です」などとある。今の感覚では二五歳などまだまだ「小娘」扱いされる年齢だが、当時、この年代のほとんどが「若奥さん」。「マダムジュジュ」はこの層に向けて、主婦限定化粧品として発売された。「ご結婚なさったらお使いください」「二五才以下の方はお使いになってはいけません」という強烈なコピーで話題を集め、発売直後から爆発的ヒットを記録。「100年化粧品」とまで称された。

戦後復興期、化粧品といえば「お嬢さん」向けばかりで、主婦が化粧するということはまだ珍しく、ときには奇異に見られたともいう。そこを逆手に取って登場した「マダムジュジュ」は、世界初の「年齢別化粧品」であるばかりでなく、「主婦が化粧したっていいじゃないか!」という女性の意識の変革をもたらしたのだ。

「ジュジュ」は仏語で「私のおもちゃ」の意。命名はなんと詩人の金子光晴。広告に起用された初代商品キャラクターは女優の木暮実千代。1966年に発売された「マダムジュジュE」のCMでは「私は25」というCMソングが使われ、「25歳はお肌の曲がり角」というフレーズがメディアに氾濫するようになった

●マダムジュジュ

発売年：1950年　価格：630円

問合せ：ジュジュ化粧品株式会社／0120-801-016

オロナインH軟膏

この「オロナイン」こそ、我々世代が子ども時代にもっとも多く用いた薬だと思う。まさに「万能薬」という感じで多用されていた。幼少時、夏休みに祖父の家に遊びに行ってカブトムシ捕りなんかに夢中になると、必ず顔や体のどこかしらに傷をつくってしまう。祖母はそういう小さな傷をめざとく見つけ、「あ、オロナイン塗っとこうね」と、あのホッと安心できるような香りの軟膏をヌリヌリする。すり傷、切り傷、火傷にニキビ、なんでもかんでも「あ、オロナイン塗っとこうね」（実際、すべて効能の範囲内なのだ）。当時は「なんでもかんでも『オロナイン』」のおばあさんは日本全国に無数に存在し、ヤンチャな孫たちをつかまえてはヌリヌリを続けていたのだろう。

開発は米国オロナイトケミカル社。当初は殺菌消毒剤が主剤だったが、一九七二年にグルコン酸クロルヘキシジンに変更。ヘキシジンの「H」を冠し、現在の「オロナインH軟膏」となった。ちなみに、同じく大塚製薬の「オロナミンC」（六五年）は、看板商品の「オロナイン」にビタミンCの「C」をプラスして名づけられている。

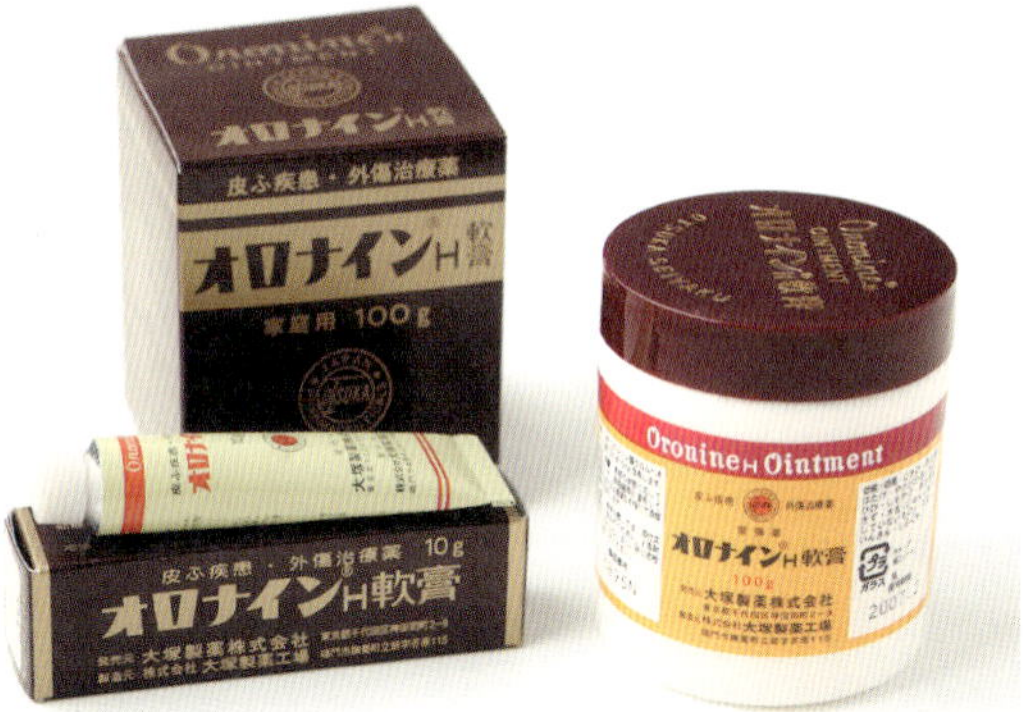

「オロナイン」は数々の広告戦略でも話題を呼んだ商品。大村崑、中村メイコ、香山美子、そして我々世代も記憶している名取裕子などのテレビCMのほか、いたるところで見かけた浪花千栄子のホーロー看板が有名。70年代っ子たちの認識では「浪花さん＝オロナインのおばあさん」である

●オロナインH軟膏

発売年：1953年　価格：10gチューブ252円、100gビン987円
問合せ：大塚製薬株式会社／03-6717-1400

マーキュロクロム液（赤チン）

「昭和の元気な男の子」を象徴する「赤い勲章」である。「マキロン」普及以前は、子どものすり傷には必ずこの真っ赤な液体が塗布された。ヒリヒリと痛む傷口に赤チンが塗られると、「ジュワジュワ〜」という感触とともにあらためて傷がうずきだす。あの冷たいような熱いような「ジュワジュワ感」を生々しく記憶している人も多いだろう。

ぬぐってもなかなか消えない鮮やかな「赤」は、マーキュロクロムという深緑色の原料が精製水に溶けるときに変色して生まれる。このマーキュロクロムは有機水銀化合物。水銀公害が問題となった七〇年代初頭から、『赤チン』には水銀が入ってる。だから使用禁止になった」というウワサが流布しているが、これは風評だ。「赤チン」に水銀が入っているわけではない。が、マーキュロクロムの製造過程で水銀中毒を引き起こす有害物質が出るため、マーキュロクロム自体の国内製造は禁止された。しかし、使用は自由。海外から原料を輸入し、現在でも「赤チン」の国内生産は続けられているのである。「となると、外国の水銀被害は？」ってことが気になったりもするわけだが……。

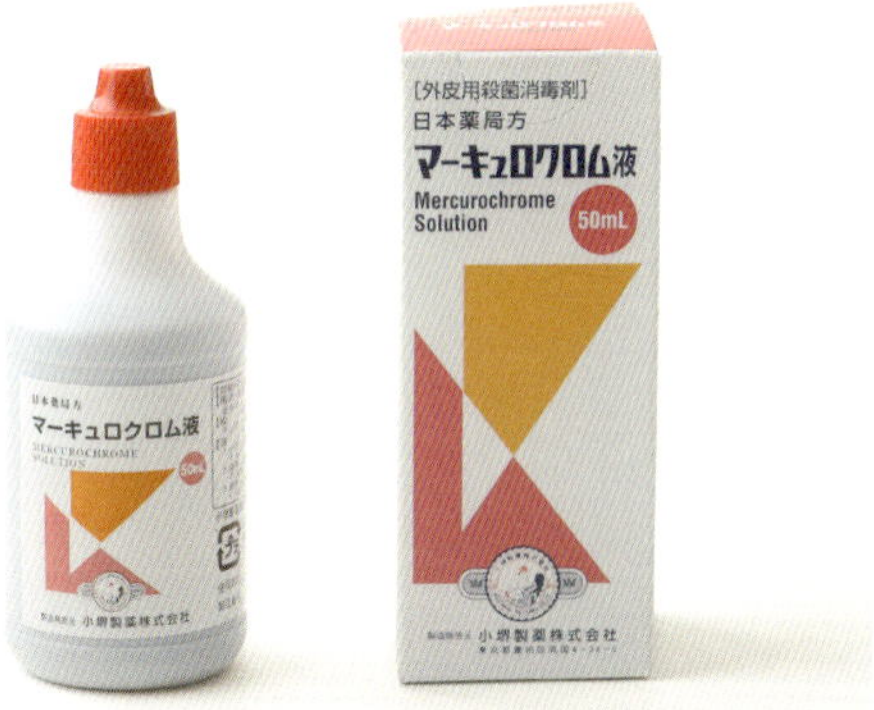

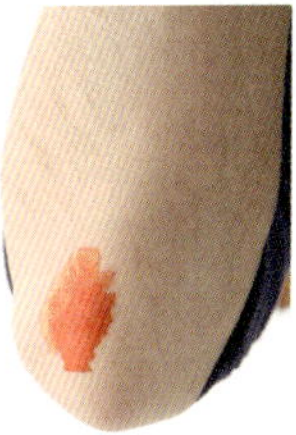

「ケガしましたっ！」を猛アピールするかのようなまぶしい赤。子ども専用というわけでもなかったが、「赤チン」をつけた大人は見たことがないような気がする。赤チンをつけて往来を歩くことが気恥ずかしくなったとき、少年期が終わって思春期がはじまる……のかもしれない

●マーキュロクロム液

発売年：1953年　価格：販売店によって異なる
問合せ：小堺製薬株式会社／電話番号非公開

品川上つけこんろ

「品川あんか」と並ぶシナネン（発売当時は品川燃料）が誇るヒット商品。五〇年代の終わりに記録的な販売実績を上げ、全国的に普及した。このときの同社の急速な業績アップは、ニュースとして当時の新聞にも大々的に取り上げられている。

電気・ガスの暖房器具が普及した七〇年代の東京では、すでに定番商品ではなくなっていたと思うが、幼少のころに親しんだ者にとって、燃える練炭のオレンジ色の輝きや、燃焼時のほんのりとした淡い香りは、冬の記憶とは切っても切り離せないものだ。

我が家では冬になると必ずお勝手の一角に設置されたが、別にこれで魚を焼いたりするわけではない。一日中、台所の片隅でただ静かに燃えていた。たいていはヤカンがかけられていて、ときおり「品川あんか」の豆炭をおこしたり、おモチを焼いたりする程度。なにかに「使う」というより、なんとなく「火の気がある」ということが重要だったのだと思う。朝に火をつけ、あとは練炭が灰になるにまかせる。そんないかにものんびりした存在感が、ゆったりと流れる冬の時間にはふさわしかったような気がする。

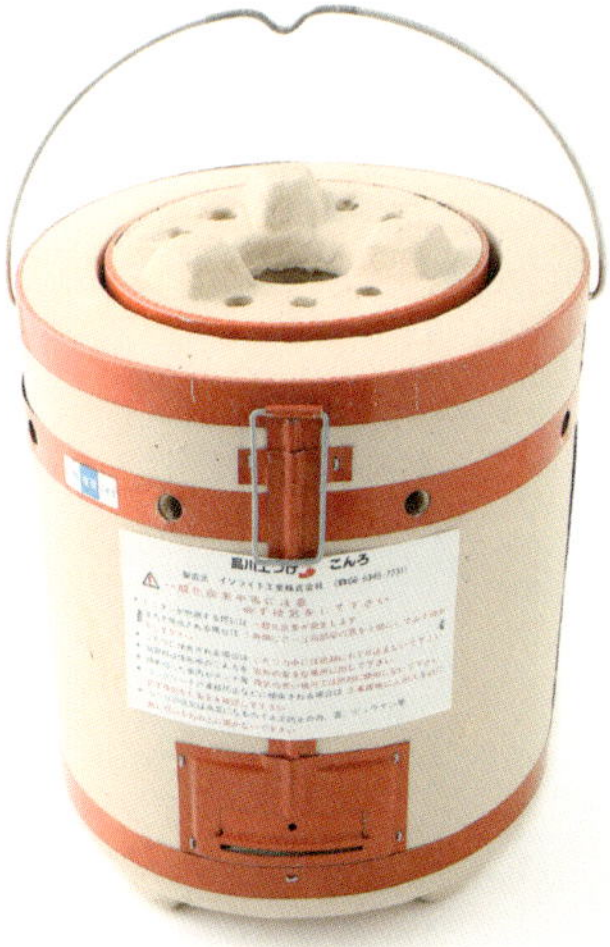

●品川上つけこんろ

発売年：1954年　価格：1995円

問合せ：シナネン株式会社／03-5470-7114

「上つけ」とは「上部から着火可能」という意味。この画期的な構造は特許にも登録された。従来の「下から着火」式のコンロは扱いにくかったらしい。右の写真はあんかなどに用いる「品川マメタン」

キンチョール

その昔、「ビン入り殺虫剤」なるものがあったらしい。六〇年代前半までに生まれた人には懐かしのアイテムになっているようだが、ビールのビンのようなものに入った液体殺虫剤で、自転車の空気入れのような手押し式ポンプで噴霧する。各社が販売していたが、一九三四年に発売された初代「キンチョール」もこのタイプの殺虫剤だった。商品名の「キンチョール」は、大日本除虫菊のブランド名「キンチョー」と「オイル」を組み合わせたもの。当初は液がもれたりノズルが詰まったりと、かなり扱いにくい商品だったようだ。そこで五〇年代のはじめ、同社はエアゾール式殺虫剤の研究に着手する。参考にしたのは、米軍が南方のジャングル戦用に開発した噴射式殺虫剤だった。この研究が実を結び、殺虫剤の代名詞となる画期的なロングセラー商品が誕生したのである。

目印の「金鳥」マークは、中国の史記「蘇奏伝《そしん》」の一説「鶏口となるも牛後となる勿《なか》れ」からとられた。ニワトリのイラストは時代とともに激しく変化しており、リアルになったり、妙にキュートになったりしつつ、現在の精悍な顔立ちに落ち着く。

特に脚光を浴びはじめたのは、1966年、クレイジー・キャッツの桜井センリをCMに起用してから(缶を逆さに持って「ルーチョンキ！」と言うCM)。その後も、川崎徹氏の「ハエハエカカカ」(82年)、「ムシムシコロコロ」(85年)など、「キンチョール」のCMにはユニークなものが多い

●キンチョール(450ml)

発売年：1955年　価格：861円

問合せ：大日本除虫菊株式会社／06-6441-0454

マンネン トタン湯たんぽ

尾上《おのえ》製作所の「萬年」ブランドから発売されている昔ながらのトタン製湯たんぽ。このような波状のトタンを用いた金属製湯たんぽは、すでに大正末期には一般に普及していたらしい。それ以前はカマボコ形の陶器製湯たんぽが用いられていたのだとか。

子ども時代、冬の間は毎日のように湯たんぽのお世話になった。石油ストーブにのせたヤカンでチンチンに沸かしたお湯を、母親がジョボジョボと湯たんぽに注ぐ。で、あのゴムパッキン（古くなるとヒビ割れてくる）つきの頑丈なフタで、しっかりと密封する。この際、菜箸を二本重ねてフタのリングに突っ込み、ギュウ～ッとやるのが常だった。コーデュロイ、いや、「コール天」の専用カバーに入れ、それでも「熱すぎると火傷するから」と、バスタオルなどでグルグル巻きにして、布団の中へ入れてくれる。

なんだかハッキリしない温かさで、しかも明け方には完全に冷たくなってしまう。電気毛布や「品川あんか」の方がいいなぁと思いながら使っていたが、今となってみれば、あの人肌のような温かさにこそ、シンシンとした冬の夜ならではの趣があった。

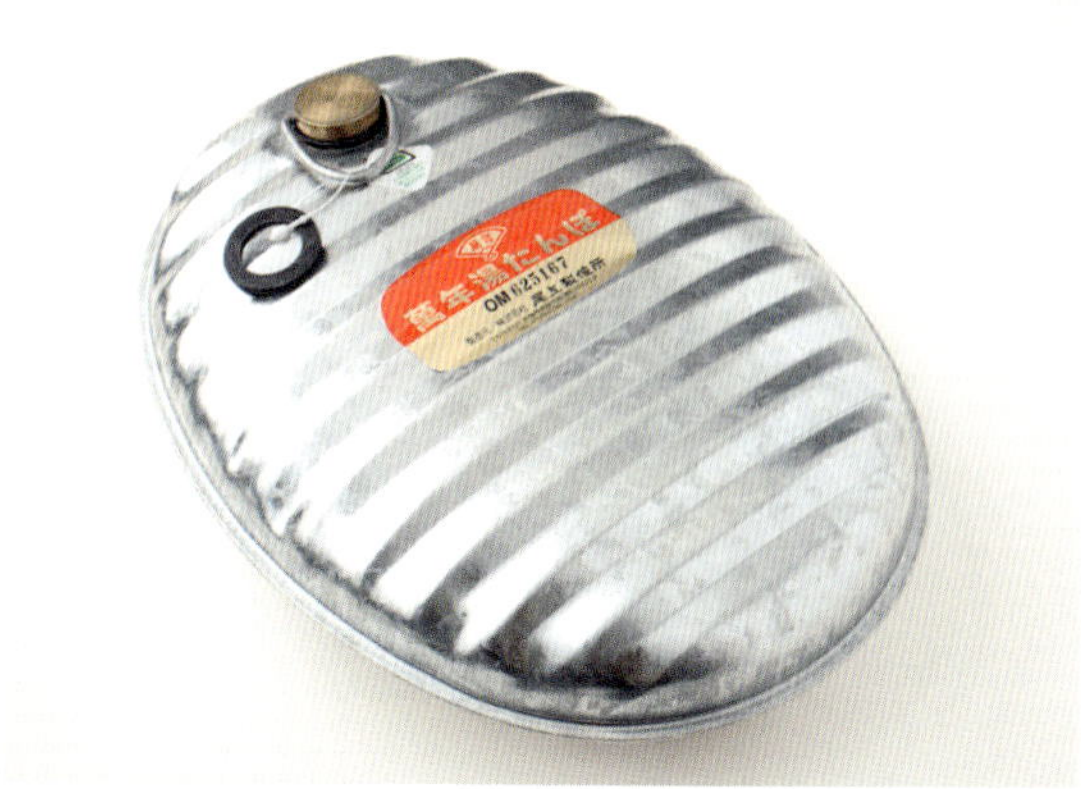

昔ながらの赤い「コール天」カバーつき。我が家ではそういう習慣はなかったが、冬の朝、ぬるくなった湯たんぽのお湯で顔を洗った、という思い出を持つ人も多いらしい。乾燥しない、一酸化炭素中毒の心配がない、しかも「エコ」ってことで、現在、再び湯たんぽに注目が集まっているのだとか

●マンネン トタン湯たんぽ

発売年：1955年　価格：1785円
問合せ：株式会社尾上製作所／0792-32-1261

蚊遣《や》り豚

「蚊取り豚」と称されることも多いが、正式名称は「蚊遣り豚」。紹介するのはもっともスタンダードな素焼きのブタである。ここ最近、夏になると大型雑貨店の「和の暮らし」コーナーみたいなところに多種多様な「蚊遣り豚」が並ぶ。本家本元の三重県四日市市の窯元までが「アート蚊遣り豚」などと称し、ピンクや黄色、はては水玉模様のブタなぞを製造しているが、自己主張しすぎの新種のブタたちは一様にブキミである。

三重県四日市市を「本家本元」と書いたが、現在流通している「蚊遣り豚」のほとんどが四日市産。この地に古来から伝わる「萬古焼《ばんこやき》」という種類の焼きものだ。

このブタがいつからつくられるようになったか、なぜブタの形なのかについては諸説あり、専門の研究書も存在する。時期については、当然「蚊取り線香」登場以降の明治末期と考えられていたが、江戸時代産と見られるブタも出土しているそうだ。当時は、枯れ葉やおがくずなどをいぶして虫よけにしていたらしい。また、ブタの形は「土管」、あるいは「とっくり」の形がもとになっているのではないかとされている。

「萬古焼」は、同じく四日市の名産である素焼きの土ナベと同じ手法。言われてみれば、まったく同じ質感である。かつては愛知県常滑でも生産されていた。また、江戸時代には東京の今戸(現在の浅草付近。今戸焼発祥の地)でもつくられていたという説もあるが、確証は得られていない

●蚊遣り豚

発売年：1950年代なかば　価格：1418円

問合せ：有限会社丸本本荘陶器／0572-68-7145

バネ式ネズミ捕り

昔ながらの「バネ式ネズミ捕り」。といっても、子ども時代に実物を目にしたことはなかった。七〇年代の東京では、一般的に「ネズミ被害」はかなり少なくなっていたのだと思う。我が家でネズミの姿を見たことはないし、対策用のツールが導入されたこともなかった。この商品に懐かしさを感じるのは、幼少期に繰り返し再放送されていた米国産アニメ『トムとジェリー』のせいだろう。マヌケなネコの「トム」と機転の利くネズミの「ジェリー」が、「♪なっかよっくケンカしな」の歌をバックにひたすら追いかけっこをする。「トム」は何度も「バネ式ネズミ捕り」を「ジェリー」の巣である壁の穴の前に仕掛け、たいてい自分が痛い目を見るというのがお決まりのパターン。しかけ用のエサに使われるトロッとした「穴あきチーズ」が、なんともおいしそうに見えた。

この商品の正式名称は「圧殺式ネズミ捕り」。その名のとおり、かかったネズミは衝撃で骨がくだけ、即死してしまうそうだ。アニメでは「トム」のシッポや指がパチン！とはさまれても赤くはれる程度だったが、実際は恐るべき「死のトラップ」なのである。

70年代、東京での「ネズミ被害」は少なくなっていたと書いたが、現在はむしろ深刻化しているらしい。住民にネズミ駆除方法を指導する自治体も多く、そうした資料を見ると、やはり今もネズミ駆除の「主力兵器」はこの「バネ式」。結局、このシンプルなトラップがもっとも効果的なのだそうだ

●バネ式ネズミ捕り

発売年：1950年代なかば　価格：店舗によって異なる(450円前後)

問合せ：相長木工／電話番号非公開

ウテナ男性クリーム

ウテナの商品の目印は、昔からあの「ニヤニヤオジサン」のイラストである。幼少時、床屋さんで髪をジョキジョキやられながら、鏡前にズラリと並んでいたウテナのビンや箱をいつも眺めていた。どの商品のラベルにも、ジェームズ・ボンドを演っていたころのショーン・コネリーを思わせるオジサンが描かれていて、満足げに自分のアゴをなでつつ、意味ありげなニヤニヤ顔でこちらを見ている。床屋さんが大嫌いな子どもだった僕は散髪中は常に不機嫌で、あの「ニヤニヤオジサン」がどうにも腹立たしかった。

「ウテナ男性クリーム」は、「国内初」とされる男性用化粧品。石原慎太郎の『太陽の季節』や「シスターボーイ」と呼ばれた美輪（丸山）明宏が話題になるなど、従来の「性」に対する価値観が大きく揺らいだ時代に登場した。そうした風潮の変化に合わせ、ウテナは「男性専用」を強調。しかし、いきなり「男の化粧品」とはせずに、まずは「ヒゲ剃り後のお手入れに」という実用性をアピールした。この戦略が大当たり。ポマード、チックだけの「男の世界」に、初めて「スキンクリーム」が定着したのである。

上記クリームはグリーンが「しっとりタイプ」、ホワイトが「サッパリタイプ」。左の写真は「男性ローション」（左／1958年。630円）と「男性アストリン」（右／60年代前半。630円）。ウテナといえば一世を風靡した「お子さまクリーム」を覚えている人も多いだろうが、残念ながら現在は製造中止

●ウテナ男性クリーム（左：グリーン、右：ホワイト）

発売年：1957年（ホワイトは1959年）　価格：各630円

問合せ：株式会社ウテナ／0120-305-411

ランチャーム

お弁当などに添付される醤油やソースのポリ製容器。さまざまな形状があるが、当時の子どもがもっとも興味を示したのはやはり魚形である。使用後もきれいに洗い、お風呂に持ち込んで遊んだりした。今ではコンビニ弁当につきもののアイテムとして日常的に目にするが、その昔は駅弁、あるいは祭りや町内会旅行など、イベント時に配られる仕出し弁当などを開いたときにしかお目にかかれなかった。親の手づくりではなく、商品としての弁当を買うという行為はかなり非日常的なものだったのだ。七〇年代後半にお弁当チェーンが台頭し、次いでコンビニが登場して弁当購入は日常の風景となった。

このポリ製容器を初めて開発したのが、別項の「ポリ茶瓶」も販売している旭創業。従来、この種の容器にはガラスや陶器製の小ビンが使用されていたが、同社創業者の渡辺輝夫氏は「割れるし、コストもかかる」と考え、試作を重ねてポリ製の商品化に成功した。ちなみに、商品名の「ランチャーム」は「ランチ」と「チャーム(魅力)」をミックスした造語。「料理に彩りを添え、より魅力的に」という意味が込められている。

左は「ブタ」形容器。「魚」「ブタ」ともにソース用、醤油用があり、醤油はキャップが赤、ソースは黄色。ほかにもビン形、ひょうたん形、華やかな金色ポリ容器なども製造している

●ランチャーム（魚型醤油　魚大）

発売年：1957年　価格：定価設定なし
問合せ：株式会社旭創業／06-6695-3376

絹羽二重(はたき)

袋に書かれている正式商品名は「高級品 絹羽二重」。高額な和装用品などを連想してしまうが、細い竹の軸に、いかにもハギレといった感じの色布がくくりつけられた昔ながらの「はたき」である。製造は石川県金沢だが、東京での流通率はかなり高く、都内に残存する荒物屋さんの店先に吊るされる「はたき」の多くが、このマル木商会の製品だ。最近では機能的かつスマートなハンディーワイパー類に押され気味だが、やはりヒラヒラの布でパタパタしないと「掃除気分」は盛り上がらない。マンガなどに掃除シーンが描かれる場合も、ハンディーワイパーでは文字どおり「絵にならない」だろう。

メーカーによれば「いつまで続けられるかわからない」商品なのだそうだ。「はたき」の布は、昔から繊維メーカーなどからゆずってもらうハギレ。しかし、このルートが断たれはじめたというのである。いろいろとシビアな事情があるらしく、放出されるハギレの多くは海外へ流れるようになったのだそうだ。「世知辛《がら》い」とはこういうことで、昔ながらの「業者間融通」みたいなものはどんどん通用しなくなっていく。

「だいたい全10色」のラインナップ。時期によって手に入る布の色が違うため、10色のうちにどんな色が含まれるかは「そのときそのときで違う」とのこと。全色コンプリートなどが絶対に不可能なアイテムなのである。軸の先に穴がうがたれているが、ここに針金を通すのが昔からのしきたり

●絹羽二重

発売年：1958年ごろ　価格：販売店によって異なる（100円前後）
問合せ：有限会社マル木商会／電話番号非掲載

品川あんか

六〇年代に絶大な人気を得た豆炭あんか。幼少期、この「大きなお弁当箱みたいなモノ」が押し入れから取り出されると、「冬が来たんだなぁ……」と実感したものだ。といっても、実際に使ったことは一度もない、というより、使わせてもらえなかったのである。「子どもには熱すぎて、低温火傷が起こる」とかで、我が家ではもっぱら父親専用だった。母親は電気毛布を使っていたが、これも「子どもには乾燥しすぎるから」と使わせてもらえず、結局、いつもウッスラとしか温かくならない湯たんぽをあてがわれた。今考えると、この処遇にはいまひとつ納得できないところがあったような気がする。

六〇年代、この「品川あんか」は「どこの家庭にもひとつはある」といえるほどの人気商品だった。「一円」(当時の豆炭一個の価格)で二四時間ホカホカ！　という革新性が歓迎され、大がかりな宣伝戦略も功を成し、発売直後に爆発的な人気を得たそうだ。ピーク時の一九六一年には約三七〇万個の売り上げを記録。当時の商品キャラクターには、小津映画の常連だった三宅邦子のほか、香川京子、中村玉緒らが起用された。

●品川あんか

発売年：1959年　価格：2730円
問合せ：シナネン株式会社／03-5470-7114

本体も、カバーも、昔から変わらない暖かそうなオレンジ色。翌日、フタをパカリと開き、真っ白な灰になった豆炭を捨てる……なんてのも思い出深い冬の光景のひとつだった

ボンスターロールパッド

昔からナベ底などをみがく際に用いられてきたスチールウールたわし。我が家では毎日の家事などにはそれほど活用される機会はなく、年末の大掃除のときなどに突如登場し、大活躍していた。流し台からガス台、換気扇の清掃など、キッチンまわりのガンコな汚れは、たいていこれとクレンザーの組み合わせで撃退できてしまうのである。

また、中学校の理科の実験でもおなじみだ。この場合、あわれ「ボンスター」はいっさいの活躍の機会を与えられぬまま、いきなり火をつけられて燃やされてしまう。鉄と酸素が化合してどうのこうの、という実験だったような気がするが、とにかく「ボンスター」は火をつけるとチリチリとよく燃えた、ということだけは覚えている。

もともとは米国で開発された製品だが、ボンスター販売が一九二八年に輸入し、初めて国内に紹介。その後、五九年に国産化、「ボンスター」ブランドとしての販売を開始した。キュートな「アライグマ」は発売当時からのキャラだ（デザインは多少変化しているそうだ）。メーカーに名前を聞いてみたのだが、「特にありません」とのこと。

●ボンスターロールパッド(ロールパッド12個入)

発売年：1959年　価格：販売店によって異なる(180円前後)
問合せ：ボンスター販売株式会社／03-3449-0216

こちらはソープパッド8個入(200円前後)。あらかじめスチールウール表面に洗剤が塗布されているタイプだ。金属部品がピカピカになるので、バイクマニアなどにも愛好者が多い

エチケットブラシ

携帯用の「エチケットブラシ」。詰め襟やブレザーの制服を採用する中学にあがると、男女問わず、たいていの生徒がポケットにしのばせていた商品だ。文字どおり「色気づく」お年ごろなので、オシャレ用品を携帯すること自体がうれしかったのである。さらに少年少女のオシャレ心を刺激する「コームつき」「ミラーつき」も大流行した。とはいえ、中学一年などまだまだ子ども。特に男の子たちはすぐに「逆方向にこすれば武器になる」ことを発見し、休み時間には熾烈な「ホコリのなすりつけ合い」が展開された。

「エチケットブラシ」は商標登録された固有の商品名。右記の「コームつき」「ミラーつき」、家庭で使う「柄付きタイプ」なども、すべて日本シールという会社の製品だ。一九五九年、同社は「傾斜パイルブラシ」なるものを開発。傾斜をつけて植えられたパイルがホコリを確実にキャッチする画期的な構造だった。六二年には実用新案に登録され、欧米でも高く評価されて世界各国へ流通する。国内でもコピー商品が続出したが、海外でも「パチモン」が乱造されるほどの認知度を誇る商品となった。

左はアメリカでも大ヒットとなった「回転式」(1965年。893円)。ブラシが360度回転するため、持ち方を変えずにブラッシングが可能。約50年間、デザインにいっさい変更のない名品である

●エチケットブラシ(ポケット型)

発売年：1959年(写真の商品は1962年発売)　価格：315円
問合せ：日本シール株式会社／06-6682-4161

ステーつき花瓶

「なにこれ?」と冷淡な反応を示されることも多いが、一部の好事家には強烈な郷愁を感じさせる一品。ガラス製の一輪挿しだが、一般の家庭で用いられることはほとんどなかった。なんというか、微妙な場所に微妙な感じで存在した商品なのだ。子ども時代によく見かけたのは、病院の待合室、公共施設のトイレ、小学校の職員室など。前向きな気持ちで積極的に用いられる装飾品ではなく、あまりにも殺風景な場所に「おざなり」「一応」「ないよりマシ」な感じで設置されることが多かったと思う。

『サザエさん』(放映中のアニメ版)では、「磯野家」の玄関に通じる廊下の電話台脇の柱に、この花瓶とほぼ同形のものが取りつけられている。以前、それを見て急にほしくなったのだが、メーカーも販売店もなかなか特定できなかった。ようやく見つけてビックリ。なんとこれ、そもそもはバスの車内アクセサリーとして開発されたものので、製造元も自動車部品工場なのである! そういえば、遠足の観光バスの運転席や、タクシーの中でもよく見かけたことを思い出した。

詳細不明だが、メーカーによれば昭和30年代のバス黄金時代に開発されたらしい。子ども時代、この花瓶にはたいてい造花が挿してあった。よりリアルな昭和感を出したいなら、生花よりも紙と針金のチープな造花を飾るべきだろう。色があせ、うっすらホコリが積もっているような造花が理想的である

●ステーつき花瓶（観光バス用）

発売年：1950年代　価格：オープン価格

問合せ：株式会社高野自動車用品製作所／03-3756-7711

サンポール

トイレ専用洗剤のパイオニア。これ以前、トイレ掃除には一般的に塩酸そのものが使用されていたそうだ。現在は金鳥の大日本除虫菊が販売しているが、開発したのは日本電酸工業という会社。同社はもともと「ロイ・サンポール」という金属表面処理剤をつくっていたのだが、これをトイレ用に改良したのが「サンポール」なのである。「塩酸より安全で効果的」というのが「サンポール」のウリだったが、発売当初はなかなか認知されなかった。塩酸の使用に慣れた主婦の多くは、「鼻にツンときて、目がシバシバしないとトイレ掃除をした気になれない」と懐疑的。そこで、全社員が一丸となって実演販売行脚を開始。安全を証明するため、お客さんの前で「サンポール」を飲んで見せた社員もいた、という恐ろしい記録も残っている（残さないほうがいいと思う）。

そうした高度成長期的「モーレツ社員」たちの努力の甲斐あって、「サンポール」の売り上げは急増。一九六五年には由利徹のCM「ヒーカヒカ！」も話題になり、全国的な知名度と高いシェアを獲得。後に日本電酸工業は株式会社サンポールと改称した。

かつての「サンポール」のキャラクターだった「顔のついた太陽」を覚えている人も多いと思う。1969年に制定されたあのキャラは、公募によって「アップ・サン」と名づけられた。姉妹品の「イチ、ニ、サンのサンポール・コロン」のCMも懐かしい。90年に大日本除虫菊が営業を譲受

●サンポール

発売年：1960年　価格：257円

問合せ：大日本除虫菊株式会社／06-6441-0454

スコップ

昔ながらの朱色スコップ。小学校の朝顔栽培には必須の道具だったが、カブトムシの幼虫捕りなどにも多用した。かたい土を掘り返すには、砂遊び用のプラ製シャベルなどは役に立たないのである。今となってはウソのような話だが、僕が育った東京・渋谷などでも、かつてはカブトムシやクワガタを捕獲できた。小学校前にあった千代田生命（現在は恵比寿プライムスクェアとかいうフザけた複合施設になっている）の広大な庭には、ウッソウとした森や林、大きな洞穴などがあり、探検にはうってつけの場所だった。その立ち入り禁止の敷地内に忍び込み、そこら中を朱色スコップで掘りまくったのを覚えている。ちなみに、本来は関東でスコップといえば工事現場などで使う大きなモノを示し、片手で持てるタイプはシャベルと呼ぶ。これが関西になると逆になるらしい。

朱色スコップが誕生した正確な年代や、元祖のメーカーについては定説がないそうだが、紹介する商品は一九三二年創業の老舗、サボテンの製品。担当者も「朱色スコップは当社の目印！」と断言しているが、朱色スコップとしては最初期の製品だと思われる。

昔ながらの色合いと、穴ぼこのあるハンドルのデザイン。頑丈で「首」が折れない、子どもにも握りやすい、というのがポイント。開発当時は鉄をハンマーでたたいてヤスリで形成するなど、完全な手づくりで金型を製造していたため、ハンドルの丸みを出すのが非常に難しかったのだとか

●スコップ

発売年：1960年　価格：250円

問合せ：株式会社サボテン／0794-82-0666

キクロン

どことなく楳図かずおのタッチを彷彿《ほうふつ》させる「キクロンおばさん」がトレードマークのスポンジたわし。定番のロングセラー商品だが、とにかくこの「キクロン」、愛好者というより「信者」と呼ぶべき熱烈なユーザーに支持されつづけている。本書の写真を担当しているカメラマン（兼主婦）も「スポンジは『キクロン』じゃなきゃダメ！」と断言しているし、ネット上にも同種の発言が多い。で、僕も三カ月ほど前から実際に使いはじめたのだが、すっかり敬虔《けいけん》な「『キクロン』教信者」になってしまった。

この商品の最大の特徴は、ナイロンたわし面とスポンジが剥離《はくり》した場合、「いつでもお取り替えします」という「保証」がついていることにある。が、それよりなにより、手触りがほかのスポンジと明らかに違うのだ。水と洗剤を含ませてギュッと握ったときの頼もしい弾力が心地よく、いわば「洗う快楽」を堪能できるスポンジなのである。これは冗談でもお世辞でもなく、最近では家で油っぽい料理を食べているときなど、「ああ、早くこのお皿を『キクロン』で洗いたい！」と思うまでになってしまった。

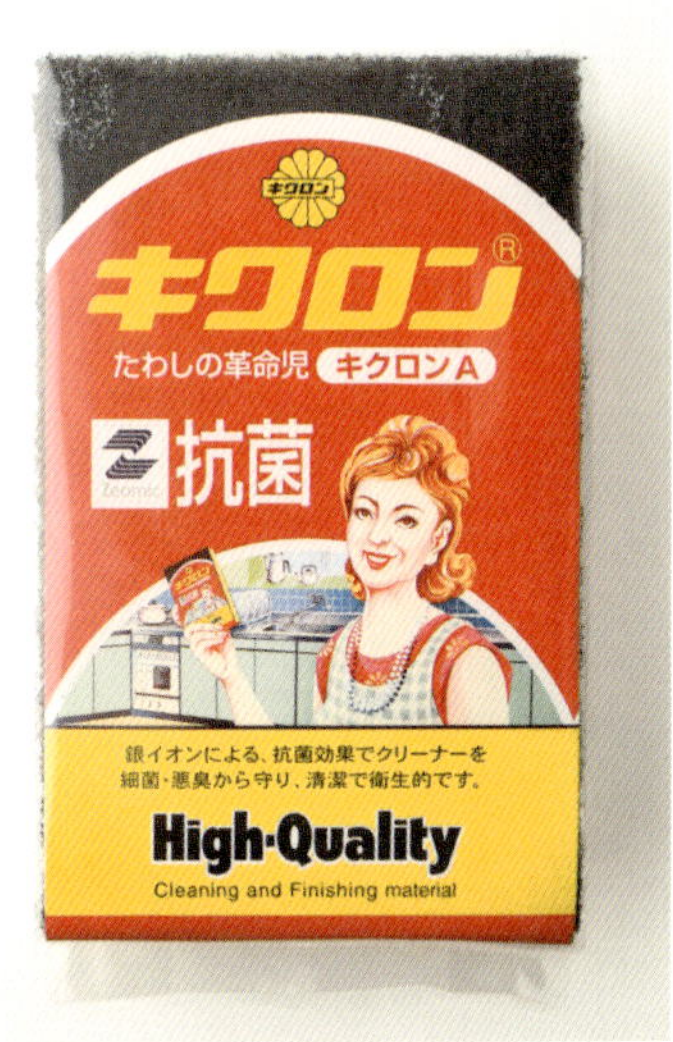

●キクロンA

発売年：1960年　価格：オープン価格

問合せ：キクロン株式会社／073-472-0863

菊たわし製造所（旧社名）の「キク」とナイロンの「ロン」から命名。印象的なイラストは、「売り上げを3倍にしてあげよう」というセリフとともに現れた「謎の画家」によるものだとか

グラスターゾル オート

この種の商品では「クリンビュー」の認知度が高いのだが、懐かしさでは昔のままのデザインで今も売られる「グラスターゾル」の勝ちだろう。子ども時代、この印象的な缶は、特に遠足のバスやタクシーの車内で見かけることが多かった。プロの運転手に愛用される商品だったのかもしれない。七〇年代にはテレビCMも放映され、『でんでんむし』の替え歌で「ツヤ出せ 輝け」といった内容のCMソングもあったそうだ。

子ども時代、我が家の車のダッシュボードにも、常に「グラスターゾル」と古タオルが押し込められていた。が、そういえば実際に自分で使ってみたことはなかったな、ということに気づき、ちょうどパソコンのモニターが汚れていたのでシューッとやってみて、大発見。僕は小学校の低学年くらいまで、やたらと車酔いをする子どもだった。遠足のバスなどの車内に必ず漂っている、あのちょっと甘いような、ムワッとする匂いですぐに気分が悪くなってしまう。あれ、実は「グラスターゾル」の匂いだったのだ。「先生！ エチケット袋ください！」なんてセリフを久々に思い出してしまった。

家庭用ガラスみがき「グラスターゾル」(1959年。こちらもまだある)の姉妹品。缶に書かれた「ガラス・ボデークリーナー」の文字、そして角ばったボディーの2ドア車のイラストが時代を感じさせる。車のナンバープレートにさりげなく書かれた文字は同社看板商品の「PIKAL」(ピカール)

●グラスターゾル オート

発売年：1961年　価格：945円(420ml缶)

問合せ：日本磨料工業株式会社／03-3441-6231

タバコライオン

大手メーカーのロングセラー商品は、多くの場合、長い歴史のなかで何度もリニューアルされ、商品の内容もパッケージもそれなりに時代にマッチするように「進化」してしまう。が、そうしたテコ入れ作業の影響を、なぜか幸運にもまったく受けずに生きながらえているモノも存在するのだ。この「タバコライオン」は、まさにそんな商品の代表。大企業の製品としては、発売時の姿をこれほど完璧に保つ例は希有だ。

「ヤニとり歯みがき」の元祖は本書でも紹介している「スモカ」だが、この「タバコライオン」も「スモカ」と同じ「潤製歯みがき粉」。特殊な形状の缶に歯ブラシを突っ込み、ブラシ部分に粉をまぶして使うスタイルは、この商品独自のものだ。コーヒー、紅茶などのステインも取り除くので、現在では非喫煙者の愛用者も多いらしい。七〇年代、愛煙家のオジサンたちは、この歯みがき粉とサンスターの愛煙家向け歯みがきシリーズ「ラーク」（まだある）の歯ブラシを愛用していた。一九七一年には、「タバコライオン」の高級化商品である「ザクトライオン」も発売されている（これもまだある）。

なかなかスタイリッシュなデザインである。「銀色の中ブタをお手持ちのカッターナイフのようなもので切ってください」という開封方法も昔のまま。これで歯をみがきながら不用意に息を吸い込むと、「コホコホッ」と咳き込むことになるので注意

●タバコライオン

発売年：1962年　価格：オープン価格

問合せ：ライオン株式会社／0120-556-913

バイタリス ヘアリキッド

男性化粧品の歴史は意外と短い。本書で「初の男性用化粧品」と紹介した「ウテナ男性クリーム」の発売が一九五七年。それ以前は「丹頂チック」「柳屋ポマード」などの「オジサン用」といった感じの整髪料が主流。いずれにしても、若者をメインターゲットとした商品がまったく存在しなかった。で、登場したのがライオン歯磨（現在のライオン）の「バイタリス」。「エレキとサーフィン」などの「ヤング」なイメージを前面に押し出し、「テカテカ、ベタベタしない」という爽やかさで若者たちに絶賛された。

また、「バイタリス」といえば、『バイタリス・フォーク・ビレッジ』を思い出す人も多いだろう。六〇年代後半からニッポン放送でスタートした名物音楽番組で、リアルタイムのカレッジフォークやロックを、かなりアングラなものまで幅広く取り上げていたらしい。「整髪料は何を使ってますか?」「もちろん、バイタリス」というのがお決まりのやりとりだったが、トリオ時代のRCサクセション出演の回で、忌野清志郎が「MG5!」と答えてしまった事件は放送史に残る「惨劇」として今も語り継がれている。

ほぼ昔のままのラベルデザイン。商品解説では「ベタつかず、シーツや枕カバーを汚しません」が強調されている。登場時は「ほかの整髪料みたいにオジサンっぽい匂いがしない」ということで歓迎されたが、「微香性」「無香料」が主流の今となっては、けっこうパンチのある昭和の香りである

●バイタリス ヘアリキッド

発売年：1962年　価格：オープン価格

問合せ：ライオン株式会社／0120-556-913

クリンビュー

「雨と車とクリンビュー」のキャッチコピーでおなじみ。とにかくＣＭが印象的な商品だった。数パターンあったが、僕がもっとも強烈に記憶しているのは、初期に放映されていた夜の繁華街を舞台にしたバージョン。「♪油膜のギラギラ、危険ですぅ〜」の歌をバックに、小雨の降る夜の街のネオンが、曇りまくったフロントグラスにジワーッとにじんでいる。「見にくいなぁ」という表情のドライバーの顔が大写しになった直後、赤いレインコートの女性を危うくひいてしまいそうになる、という内容だった。何度見ても、キキーッと急ブレーキを踏むところでドキッとしてしまう。

タイホーコーザイは、もともと栗田化学工業という工業用洗浄剤メーカー。「クリンビュー」は工業機器の油汚れを落とす技術を応用して開発された。六〇年代初頭は、まだカーエアコンが一般に普及する以前。特に梅雨時など、車内のフロントグラスはすぐに曇ってしまう。これを解消、さらに予防する商品として「クリンビュー」は大ヒットし、ピーク時の一九七五年には四〇〇万本の売り上げを記録した。

界面活性効果により、油分を除去し、付着した水滴を均一な薄い膜に変え、視界をクリアーにする。ふき取った後の白い汚れも残らず、ノンアルコールなので車内で使っても嫌な匂いが残らない。月の家円鏡（現・橘家圓蔵）のCMで知られる姉妹品「メガネクリンビュー」（1981年）も2009年に復活

●クリンビューEX

発売年：1962年　価格：オープン価格

問合せ：株式会社タイホーコーザイ／03-6414-5606

イチゴスプーン

我々世代にとっては食器棚に必ず常備されていたありふれたアイテムなのだが、今の若い人たちには「なにこれ?」なのだそうだ。というより、「スプーンでつぶしたイチゴに砂糖と牛乳をかけて食べる」という行為自体、すでに「失われた昭和の生活習慣」になっているらしい。一説によれば、あのころ誰もがああしてイチゴを食べていたのは、単純に当時のイチゴの糖度が低く、酸っぱかったからだという。品種改良が繰り返されて甘いイチゴが増えた現在、あんな加工は不要だし、逆に本来の味を台なしにしてしまう、と考える人が多くなったようだ。

諸説あるが、「イチゴスプーン」は六〇年代初頭に新潟の金型職人によって開発され、多くの食器メーカーが同様の商品を発売し、広く全国に普及したらしい。ここに紹介するのは、現行品としてはかなり初期の段階から販売される遠藤商事の商品。「先割れ」なのが個人的には残念なのだが、柄に施された菱形模様の彫刻が懐かしい。子ども時代の安価なスプーンには、なぜか必ずこの模様が刻まれていた。

左は遠藤商事の「グレープフルーツスプーン」(105円)。これも当時はありきたりな食器だったが、今になって考えてみると、果物別にわざわざスプーンを使い分けていた高度成長期は、やはり贅沢な時代だったのかな……という気もする。販売はオーディーエーが行う

●イチゴスプーン

発売年：1960年代前半　価格：各105円

問合せ：有限会社オーディーエー／052-561-0221

資生堂クリームシャンプー&リンス

日本でシャンプーなるものが売られるようになったのは昭和初期のこと。改訂前の本書に掲載されていた美香園「タマゴシャンプー」（復刻版も販売終了）など、粉末タイプのものが一種の「高級化粧品」という形で販売されていた。「髪を洗うなら石鹸よりもシャンプー」という考え方が「あたりまえ」になるのは、一世を風靡《ふうび》したライオンの「エメロン」が登場した一九六五年以降。この商品のCMが液体シャンプーの認知を広げ、一気にシャンプー市場を開拓したといわれている。

が、「エメロン」に先駆けること二年、昭和の時代を通じて愛されつづける液体シャンプーの名品が資生堂からも発売されている。それがこの「クリームシャンプー」だ。僕の子ども時代、シャンプーといえば「エメロン」、そしてレモン形容器に入ったダリアの「レモンシャンプー」、そして、この放物線模様の「クリームシャンプー」だった。銭湯や観光ホテルの大浴場で見かけるのはたいていこの三種で、特に浴場脇の売店で売られているのは資生堂のミニボトルが多かった。

リンスはキャップ1杯の液体をお湯に溶いて使用する。当時、この方式がリンスの主流だった。一般的にリンスを使用する習慣の普及はシャンプーよりもさらに遅く、70年代に入ってから。資生堂も60年代後半から70年代初頭にかけて、リンスの効果をPRする広告を数多く打っている

●資生堂クリームシャンプー＆リンス

発売年：1963年　価格：シャンプー840円、リンス735円

問合せ：株式会社資生堂／0120-81-4710

MG5

本書では「ウテナ男性クリーム」を「日本初の男性用化粧品」と解説したが、資生堂が「日本初の〝本格的〟男性用化粧品」として発売したのが、この「MG5」。商品名は当時流行のスポーツカーから取ったもの。「Modern Gentleman」の意味もある。

一九六三年に一部の商品が発売され、六七年に新「MG5」としてのラインナップが揃う。あの特徴的な「黒チェック」は六〇年代後半のティーンエイジャーたちにとって、まさに時代の象徴となった。このころ、僕はまだ新生児だったので「MG5」登場時の衝撃などは知る由もないのだが、園児時代にあちこちで目にした「MG5」グッズは鮮明に記憶に残っている。あの「黒チェック」にシャープなロゴの入った灰皿やビニールバッグが町に氾濫していて、子どもながらに「かっちょいい！」と思っていた。

当時から資生堂は広告戦略においてアグレッシブで、後世に残る名作CMを大量に生み出している。「MG5」のCMもそのひとつ。「黒チェック」を連想させるダルメシアンや、若き日の草刈正雄などを起用した広告は、今見てもかなりアートな作品だ。

●MG5(左：ポマード、右:ヘアリキッド)
発売年：1963年　価格：各525円
問合せ：株式会社資生堂／0120-81-4710

こちらも懐かしい「ブラバス」(1969年)。「カリフォルニアシャワー」というキャッチコピーが印象的だった。このCMにも草刈正雄が起用されていて、007風のスパイ(?)に扮した彼が、なぜか飛行機から銃撃されたりしていた

ノンスメル

最近は少なくなったが、かつては家庭やお店で出される食品が「ゲッ！　冷蔵庫臭いっ！」ということがたびたびあった。特に影響を受けやすかったのが、バターなどの乳製品（喫茶店のコーヒーにつくミルクなどは今もときどき冷蔵庫臭い）。あの臭気の正体は、庫内のさまざまな食品の匂いが混ざったものらしいが、描写不能なほど独特かつ強烈だ。強いて言えば、鉄サビとゴムの匂いを混ぜたような匂い。感じ方には個人差があって、敏感な人には耐え難いが、鈍感な人にはまったく感知不能らしい。我が家では親が二人とも鈍感だったため、「これ、冷蔵庫臭くて食べられないヨ」などと言っても、「文句ばっかり言ってないで食べなさい！」のひとことで片づけられてしまった。

「ノンスメル」が登場した六〇年代前半は、事態はもっと深刻だったようだ。当時、冷蔵庫は「ワンドア」があたりまえ。すべての食品がひとつの庫内に押し込められている。しかも密閉容器や食品用ラップの普及以前。野菜や果物、みそ、肉、魚……ありとあらゆる匂いがまざりあい、庫内はまさに「魑魅魍魎《ちみもうりょう》」状態だったのだろう。

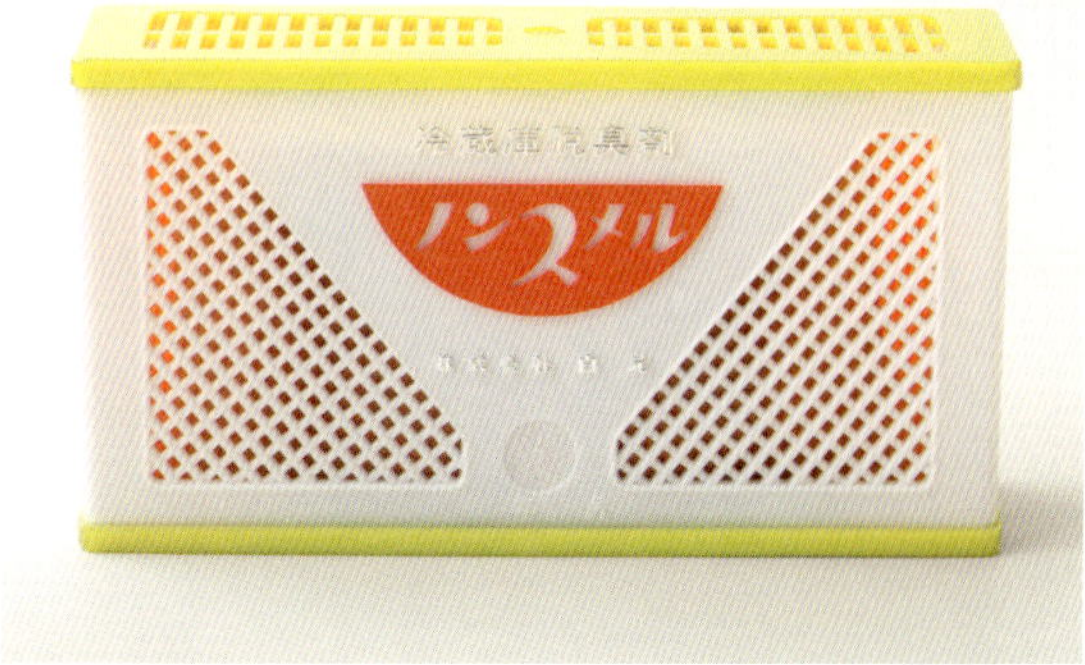

「冷蔵庫の中の臭いを取り、氷を美しくします」が登場時のキャッチフレーズ。発売当初はブリキ製の容器だったが、その後、アルミ缶になり、現在のプラ製に。温度が下がれば下がるほど脱臭効果を発揮するヤシガラ活性炭を使用。かつては5色のラインナップだったが、現在はホワイトのみ

●ノンスメル

発売年：1963年　価格：346円

問合せ：株式会社白元／03-5681-7691

ブルワーカー

七〇年代に子ども時代を過ごした男性なら知らぬ人はいないだろう。「誰もが持っていた」とまではいかないが、「クラスに必ずひとりは持ってるヤツがいた」と断言できる元祖トレーニングマシンである。また週刊マンガ雑誌の通販広告の常連商品でもあり、七〇年代に隆盛を極めた玉石混交《ぎょくせきこんこう》の子ども向け通販商品、つまり「シーモンキー」(『まだある。文具・学校編』参照)とか「ヌンチャク」(『燃えよドラゴン』上映以来、定番商品になった)とか「パワーリスト」(鉛入りリストバンド)などなどの怪しげな商品群のなかでも、最高の知名度を誇るアイテムだった。たくましいブロンド男性モデルの広告や、ひょろっとした青年が「ブルワーカー」でマッチョ化し、ブロンド美女をはべらせる、みたいなマンガ形式の広告が目に焼きついている人も多いはず。

誕生は一九六三年。ドイツのゲルト・F・ケルベル氏によって発明され、またたく間にアスリートやコーチ、スポーツ医学者たちの間に普及したそうだ。この五〇年間、全世界で九〇〇〇万本、日本だけでも一六〇〇万本の売り上げを記録しているという。

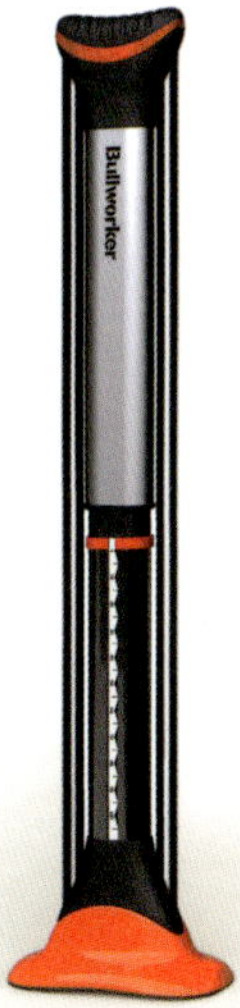

日本最古の通販会社として知られる日本メールオーダーが長らく販売を続けていたが、いろいろとややこしいことがあったらしく、現在は福島発條が販売を行っている。同社は「ブルワーカー」の日本上陸時から製造を手がけてきた老舗メーカーだ。最新版の「X7」は3段階パワー調節機能と解説DVDつき

●ブルワーカーX7

発売年：1963年　価格：13800円

問合せ：株式会社福島発條製作所／03-5654-1801

サボS

小学校に上がるまで、とにかく床屋さんが嫌いだった。親に「行っておいで」と言われてから「早く！」「イヤだ！」の攻防が三日ほど続き、ようやくすごすごと近所の床屋さんに出向く。一度など、祖父から「アイスを買ってやるから」と説き伏せられたが、イスに座ったとたん、大泣きして逃亡した。そのくせ、ちゃっかりアイスはせしめたことを覚えている。なぜ床屋さんをそこまで嫌ったのか、今となっては思い出せないのだが、あの大きな鏡も、オジサンの白衣姿も、ジョキジョキというハサミの音も嫌いだった。

そして困り果てた母親は、新兵器を導入した。それが「サボS」だ。素人が扱ってもまず失敗の心配がない画期的なヘアカッターである。「カミソリが仕込まれたクシ」といった形状で、散髪量は四段階に調整可能。クシのように梳《す》くだけで、いつの間にか髪が短くなってボリュームも落ちてしまう。「切る」のではなく「短くなっていく」という感じが、まるで魔法みたいだった。初めて母親に「サボ」で頭を刈られたときは、「これでもう床屋さんに行かなくていいんだ！」という解放感にウキウキしたものだ。

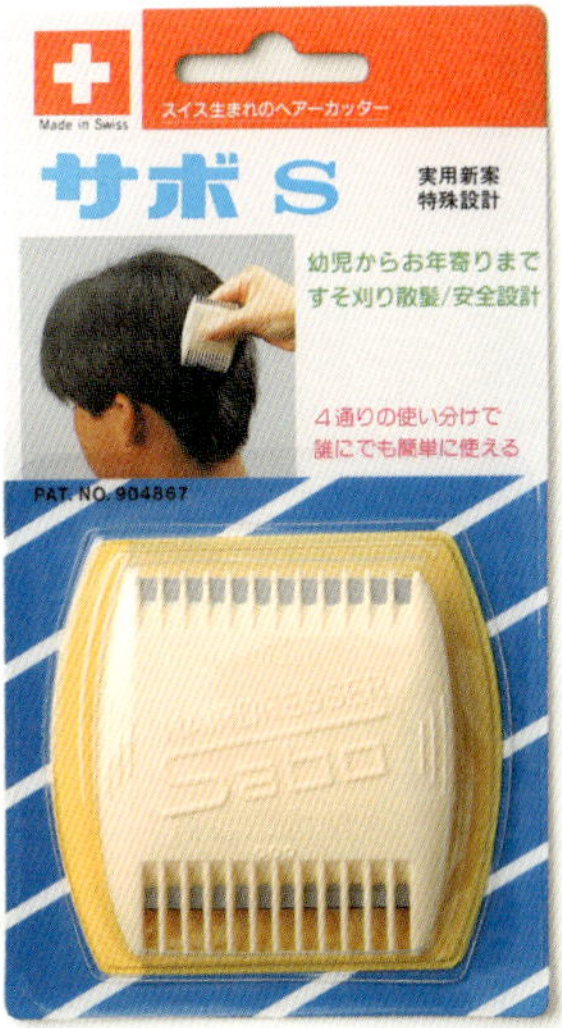

アルプスに住むスイス人の「Szabo」氏が開発した商品。ドイツ・ゾーリンゲンの刃物を中心に扱う販売元社長の松山真一氏によって日本に紹介され、60年代後半には月間5万個出荷が13カ月続く大ヒットを記録。一躍、松山氏は「ミスター・サボ」の異名を取る刃物業界の伝説的人物となった

●サボS

発売年：1964年　価格：1260円

問合せ：株式会社松山カットラリー／03-3651-8404

トーヨーホースポンプ

石油ストーブにはつきものの「灯油ポンプ」。「エムケーポンプ」（エムケー精工）や「ペコペット」（工進）などの製品が各社から出ており、最近では電動タイプなども見かけるようになった。が、「昔ながら」といえばこのトーヨーの「ホースポンプ」。

この種の「灯油ポンプ」は、各メディアで雑学的なネタとして取り上げられるほど謎の多い商品である。よく取り沙汰されるのは、この機構を発明したのがかのドクター中松氏であるというウワサ。一升ビンの醤油を醤油差しに移し替えるために氏が開発し、「しょうゆチュルチュル」という名称（このマヌケな呼び名は全国規模で普及している）で彼が特許を取った、という説である。メーカーに聞いても「知らん」とおっしゃるので、独自に調べてみた。かなり微妙な結果が出たので明記は控えるが、氏は確かに（特許ではなく）実用新案としてこの器具を登録しているようだ。が、従来から似たようなモノは存在していた……という説もあるとか。かつて、フジテレビはこのウワサを某番組内で「ガセ」と断定してしまい、後に謝罪した経緯がある。

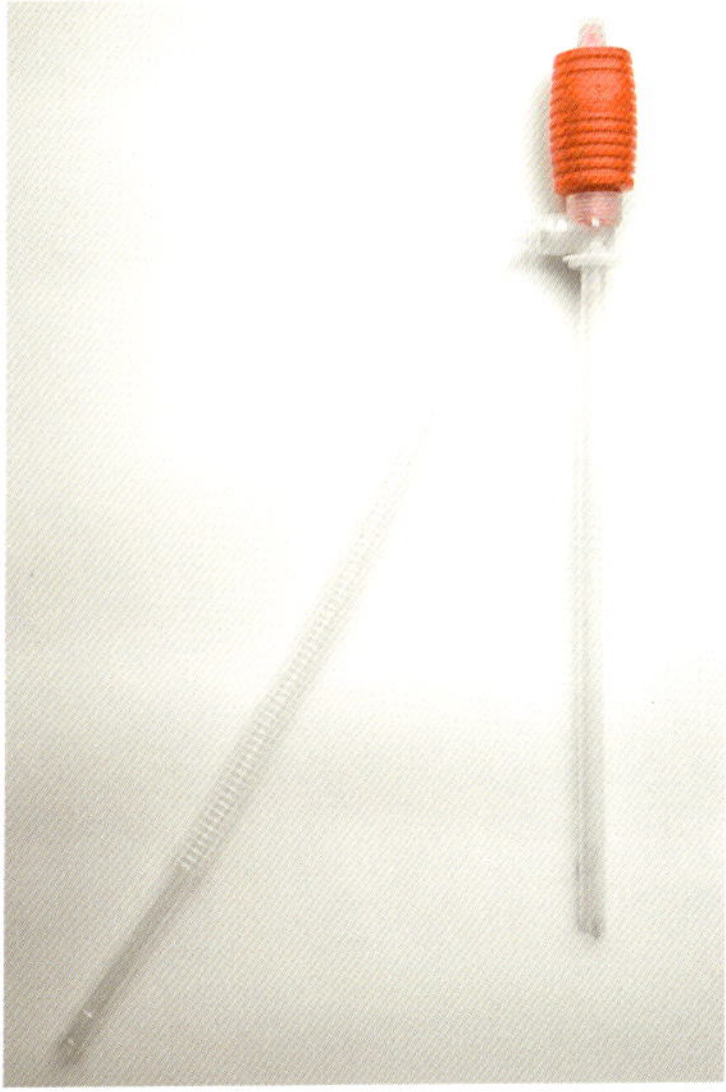

ヒモつき台紙に何本も突き刺して店頭に吊るす、という販売方法は今も同じ。台紙にも商品にも詳細な表示がなく、メーカーなどを特定しにくいアイテムである。当初は商品名どおりトーヨーポンプというメーカーから発売されたが、現在は同社から販売権を買った三宅化学の商品になっている

●トーヨーホースポンプ

発売年：1960年代前半　価格：販売店によって異なる

問合せ：三宅化学株式会社／07443-3-3345

アイスノン

現在は「アイスノン」シリーズにも多彩な商品が加わっている。が、我々世代の「アイスノン」といえば、やはり黄色地にシンプルなブルーのロゴが入った初期型。氷枕は発熱時限定だったが、「アイスノン」は扱いが手軽だったせいか、夏の昼寝や寝苦しい熱帯夜の「暑気払い」にも活用した。タオルを巻いた「アイスノン」の上で頭を動かすたびに伝わる特有の「シャリシャリ感」は、夏の思い出のひとつである。

開発したのは白元創設者の鎌田泉氏。戦時中、彼は病院勤務の衛生兵だった。病院では氷枕を使用していたが、「水漏れしやすい」「すぐ温まってしまう」など、使い勝手が悪い。そんなとき、「米国では鮮魚の輸送に特殊な保冷用パックが使われている」という情報を耳にする。独自の研究を続け、冷やすと温まりにくいポリビニールアルコールという物質に着目。「アイスノン」の中身は、これをゲル状にしたものなのだそうだ。

子どものころ、親から「『アイスノン』の中身はコンニャクだ」と聞かされた。三〇年間にわたってそれを信じてきたのだが、まったくのデタラメであったことが判明。

高度成長期、冷蔵庫の普及とともに売り上げを伸ばした商品。クーラーボックスの冷却剤としても効果を発揮し、釣り好きの人たちにも愛用されている。開発のヒントになったのは「くず湯」。冷めにくい「くず湯」が、「ゲル状の物質は温度を一定に保ちやすい」ことに着目するきっかけとなった

●アイスノン

発売年：1965年　価格：630円

問合せ：株式会社白元／03-5681-7691

青雲

「♪青雲～、それはぁ～」のCMソングで今もおなじみ。あの富士山をバックに連凧が揚がるCMが昔から「青雲」の象徴だった……と思っていたが、メーカーによれば放映開始は八〇年代初頭。それ以前はホームドラマ調のものや、子どもが砂漠を越えていく(?)といった内容だったのだそうだ。「連凧と富士山」が商品イメージとしっかり結びついているため、以前のCMがどうも思い出せない。近年では森田公一や錦織健がCMソングを歌っているが、これまでに尾崎紀世彦や児童合唱団のバージョンがあった。

日本香堂の超ロングセラーといえば、先代・三遊亭円楽師匠の「さだ吉や！」のCMが四〇年間も続いた「毎日香」。「青雲」よりもはるかに古株で、明治の時代から多くの人に愛好される名香だ。お線香はひとつの家庭で同じものが代々使われることが多く、「昔ながら」の維持もメーカーの大切な役目。一方、高度成長期に誕生した「青雲」は「進化」を前提に開発された商品。時代に合わせ、新たなシリーズを展開している。新と旧の両方をきっちり意識する、このあたりが老舗ならではの「商いの心」なのかも。

左の写真は谷川俊太郎の「あい」の詩をテーマに、イタリアの建築家・デザイナーのイタロ・ルピがデザインした「青雲アモーレ」(2100円)。天然白檀、ビタミンE、植物精油を使った自然な香り

●青雲

発売年：1965年　価格：525円(中5把入り)

問合せ：株式会社日本香堂／03-3541-3401

糸通し

なにやら繊細かつ優美なフォルム。子ども時代からよく見かけたが、なにに使うものなのかわからなかった……という男性が多いのではないだろうか。裁縫用の「糸通し」なのである。「スレダー」とも呼ぶ。縫い針の穴に糸を通す際、先端部分の細い針金に糸をひっかけ、針金ごと針の穴にスルッと挿入する。糸の先をペロペロする必要もなく、針の穴にひっかかった糸がクニャッと曲がってイライラさせられたりすることもない。

各社の糸や針の「オマケ」としても定番だが、なぜかどのメーカーの「糸通し」にも「外国人の横顔」が刻印されている。メーカーによってデザインは微妙に違うが、ともかく「糸通し」には「外国人の横顔」が欠かせないらしいのだ。ある雑学本は、この商品はもともと輸出品として考案されたため、外国人に違和感を持たれないように「外国人の横顔」を刻印した、との見解を示している。が、製造元の見解はまったく逆だった。五〇年代なかばにイギリスやドイツから輸入された「糸通し」には、すでに「外国人の横顔」が刻印されていたそうだ。国産品はこれをマネたのではないか、とのこと。

写真左からミシン針用、普通針用。針穴の大きさに合わせて、先端の針金の形状が違う。「顔」印以外にもクロバーのマークの商品も多く出まわっているが、そちらは裁縫用品の老舗、クロバー社製だ

●糸通し

発売年：1965年ごろ　価格：157円(2種セット)
問合せ：清原株式会社／06-6252-4735

セル待針

カラフルな花形の目印がついたキュートなマチ針。一般家庭にも普及している商品だが、もともとはあくまでも学校教材用として開発されたもの。商品名の「セル」はカラフルな花形部分の材質、セルロールの略だ。色とりどりの花形セルは、すべて裏面が白くなっている。学校で使う場合、ここに名前を書けるように、という配慮である。

今回の取材で「マチ針」の「まち」は「待ち」であることを初めて知った（正式には「待針」と表記するのだそうだ）。縫い合わせる予定の生地を固定しておくための針であることから、縫うまで「待つ」といった意味合いがあるそうだ。ほかにも、これはあくまで俗説だが、「小町針」が省略されて「マチ針」になったという見解もある。「小町」は小野小町のこと。絶世の美女であった小野小町は、多くの男性からアプローチされながら、いっさいなびかなかったといわれている。この「小町伝説」とマチ針の特徴を関連づけた呼び名らしい。かなりシモネタじみるのでこれ以上詳細な解説は遠慮させていただくが、マチ針には糸を通す穴がない、ということに思いをめぐらしていただきたい。

学童用マチ針の定番はやはりこの花形だが、チューリップ形、ハート形なども普及している。小学校の家庭科セットには必須のアイテムだったが、実際に使った記憶はない。授業の裁縫実習はぞうきんやエプロンをつくるぐらいで、マチ針を使うほど複雑なものは製作しなかったような気がする

●セル待針

発売年：1965年ごろ　価格：315円

問合せ：清原株式会社／06-6252-4735

ピギーバンク

円筒形の旧式郵便ポスト形貯金箱を愛用していた『ドラえもん』の「のび太」のような例外はあるが（コミックス第七巻「帰ってきたドラえもん」などを参照）、昭和のマンガに登場する貯金箱はたいていブタである。ひと目で貯金箱とわかるからなのだろう。マンガに描かれるブタの貯金箱はアバウトな「ただのブタ」であることが多いが、テレビなどの実写映像に登場するのは、必ずこの加藤工芸製の花飾りをつけたブタだ。「貯金箱の象徴」として、現在までに数々のCMやドラマに「出演」してきた。

「貯金箱＝ブタ」というイメージは海外から持ち込まれたもので、多産なブタが繁栄や増殖を表すことから、欧米では古くからブタ形貯金箱が普及していた。加藤工芸のブタも最初はあくまで輸出品として国外向けにつくられた。当初は同じブタでも数種のバリエーションがあったそうで、結局、一番人気のあった現行デザインが残ったらしい。

ちなみに、マンガではブタをトンカチで砕いてお金を取り出す場面がよく描かれるが、実物にはちゃんと取り出し口がある。くれぐれも早まったマネはしないように。

昔から「商店街の瀬戸物屋さん」の店先に並ぶ定番商品。全国の東急ハンズでも販売中。サイズは全5種類で、「特大」(2415円)から超小型サイズの「豆」(472円)まで。売れ筋は体長14.5cmの「中」。色は各サイズともピンクとブルーの2種が用意されている

●ピギーバンク(左：大、右：中)

発売年：1965年ごろ　価格：大1365円　中840円

問合せ：加藤工芸株式会社／052-794-2111

ニューハイネット

「リボンハイトリ」の項でも書いたとおり、社会問題になったほどの大量のハエは、東京オリンピック以降、急速に数を減らしていく。そのためなのか、我々世代にとって「ハエたたき」は、すでに「マンガでしか目にしないモノ」のひとつだったと思う。

小学生時代の夏休み、なぜか友人たちと山奥のお寺に泊まりに行ったことがある（親たちが企画した教育的合宿だったのだろう）。そこで初めて本物の「ハエたたき」を目にした。目にしたからには使いたい。マンガのようにバシッ！とハエをつぶしてみたい。みんなで「ハエたたき」をふりかざして寺中をかけまわったが、肝心のハエが見つからず、「やーめた」となった。なので、いまだに「ハエたたき」体験がない。今にして思えば、寺の中で殺生に夢中になっていたのだからバチあたりなガキどもである。

この「ハイネット」は、六〇年代から「ハエたたき」を製造するヒマラヤ化学の商品。当初は金属製だったが、現行品はアミ部分以外はプラスチック製。軽量化により「鋭いストローク」が可能になった。また、先端部分には「ハエばさみ」を格納している。

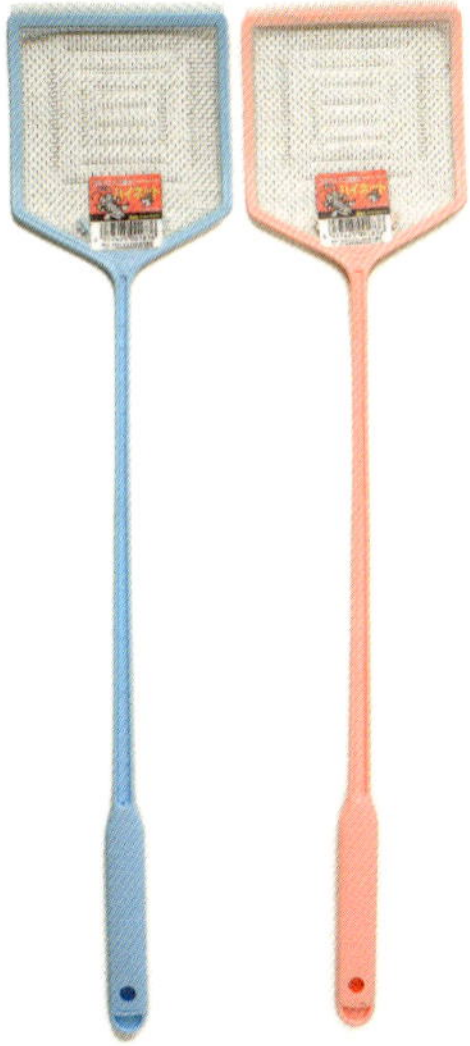

●ニューハイネット

発売年：1960年代なかば　価格：販売店によって異なる
問合せ：株式会社ヒマラヤ化学工業所／052-444-1202

グリップ部を引き抜くと、ハエの「亡骸」をつまむためのピンセットが現れる。また、アミの先端には後始末用のブラシつき。すばらしい配慮である。カラーはブルー、ピンクの2色

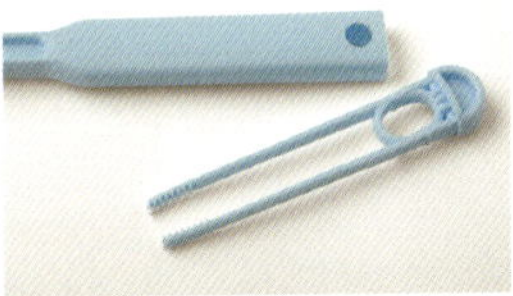

ポリ茶瓶

初めて「缶入りのお茶」を見たとき、「こんなもん、売れるわけないよ」と思ったのを覚えている。お茶なんてのは文字どおり、どこの「お茶の間」にも常備されているし、お寿司屋さんで飲んだってタダだ。「空気を買えってのと同じだ」なんて考えたが、いつの間にか「お金を払ってお茶を買う」が、少しも奇異なことではなくなってしまった。

しかし「お茶缶」以前にも、「お金を払ってお茶を買う」ことがなかったわけではない。そう、家族旅行などで乗り込む列車の中だ。ボックス席の窓をガラリと上げて「駅弁売りの人」を呼び、「お弁当三つ。あと、お茶も」ってな具合に「ついで」っぽくお茶を買うのである。で、そのお茶は断じて「缶入り」などではいけない。針金のツルがついたポリ容器からキャップ兼用の小さな茶わんに注ぎ、「わぁ、こぼれそぉ〜」なんて言いながらズズッとすすらなければ、「行楽気分」が著しくそがれてしまう。

この「ポリ茶瓶」は、ポリ容器メーカーの老舗、旭創業が扱う商品。ただ眺めているだけで、「ガタンゴトン……」という「行楽列車」の線路の響きが聞こえてきそう。

●ポリ茶瓶

発売年：1960年代なかば
価格：定価設定なし
問合せ：株式会社旭創業／06-6695-3376

この種の駅売り茶瓶は、かつては陶器製だったのだそうだ。60年代に入ってポリ製が登場。初期型はマグカップのように持ち手がボディについていたが、その後、おなじみの針金製のツルになった

ピチットローラー

古栄堂としての創業以来、明治時代からかんざしなどの製造を行ってきた粧装品メーカーの老舗、ラッキートレンディの商品。同社はすでに一九五〇年に「ホームカーラー」の名でパーマヘア用のカーラーを発売している。当時、普及しはじめたばかりの「パーマネント」は非常にお金のかかるヘアスタイルだった。オシャレな女性たちにとって、カールをなるべく長持ちさせるためのカーラーは必須のツールだったようだ。

我々世代にとってカーラーは悪女の象徴。「昼間なのにカーラーをつけている女性＝悪女」という価値観を、幼少期に見た刑事ドラマによって植えつけられた。『太陽にほえろ！』などに「犯人の妻」（または愛人）が登場する場合、なぜか必ず「カーラーつけっぱなし女」なのだ。刑事が犯人のアパートへ出向き、「〇〇はいるかっ？」と部屋のドアをたたくと、顔を出すのは「まっ昼間なのにカーラー＆ネグリジェ」のケバい女性。「なんなのヨォ？　知らないわヨォ」とはぐらかすが、刑事が踏み込むと、突如「あんたぁ、逃げて〜ぇっ！」などと叫んで犯人の逃亡を手助けするのである。

かつてのカーラーはピンで固定するスタイルだったが、この「ピチットローラー」はピンが不要な止め枠つき。「70年代のお姉さん」たちは「手間かかってます」という髪型を志向していたようで、カーラー以外にも、ヘアネットやシャワーキャップなど、髪型を保持するための多種多様なツールを使用した

●ピチットローラー

発売年：1966年　価格：367円

問合せ：株式会社ラッキートレンディ／072-997-0320

ママレモン

かつては「中性洗剤の代名詞」的存在だった。特に七〇年代終わりくらいまでは、すべての台所用洗剤を「ママレモン」と呼んでしまうお母さんが多かったと思う。

開発はライオン油脂（現在のライオン）。世界初の野菜・果物・食器洗い専用洗剤「ライポンF」（一九五六年。業務用としてまだある）で、台所用洗剤という新市場を開拓したメーカーだ。発売当初のウリは、従来の粉末や液体ではなく、「ローションタイプ」（トロッとしている）であることだった。秀逸な商品名もヒットの要因。六九年発売の「ママレンジ」（本当にホットケーキが焼けるままごと用レンジ）など、アサヒ玩具の「ママシリーズ」にも「ママレモン」の存在が大きく影響を与えたに違いない。

ところで、この洗剤の「味」を覚えている七〇年代っ子は多いはず。当時は『ママレモン』のシャボン玉は割れにくい」とされ、多くの子どもが水で薄めてストローで吹いていた。で、たいていの子が一度は「ぐぇっ、飲んじゃった！」という事態に陥ったものである（平成のよい子たちは、くれぐれもこんなマネをしないように！）。

1965年発売説もあり。かつてのボトルはキャップが赤く、正面に「ローションタイプ」という赤い文字が誇らしげに印刷されていた。登場以降、「レモン」のイメージを掲げる台所用洗剤がブームになる。当時、「ママ」には「ヤングミセス」の意味合いもあり、かなり近代的なイメージの言葉だったようだ

●ママレモン

発売年：1966年　価格：オープン価格

問合せ：ライオン株式会社／0120-556-973

トイレボール

古典的なボール形トイレ芳香剤。よく小学校などのトイレなどで見かけたヤツだ。といっても、男性と女性とでは記憶がかなり食い違ってしまうと思う。

男女ともに記憶に残っているのは、手のひらサイズのボールをネットに入れたタイプ。これは個室トイレ用に開発されたもので、水洗タンクの排水管などに吊るして使用する。一方、男性しか目にしていないのが、ここに紹介する小型のボール。これは男性用小便器のために開発されたもので、あの縦型便器、いわゆるアサガオの中に入れて使う。「ボールにねらいを定めた」とか、「コロコロ転がした」とか、「見事に割ったことがある」というエピソードは、男性にしか理解できないだろう。昨今では公衆トイレにも自動洗浄便器が増え、あまり見かけなくなってしまった。

この商品が発売された当時、トイレは汲み上げ式が主流。その強烈な悪臭を解消するため、当初はボール形ではなく平形の芳香剤が登場し、後に球状になった。原料は常温で気化するパラジクロルベンゼン。衣類の防虫剤と同じだ。

写真のグリーンのほか、イエローがある。白元は1950年に「オーダー平型」という平形芳香剤を発売。ついで52年、吊り下げ式の球状芳香剤の「オーダーL」を発売した。多くの公衆トイレ、学校のトイレなどに普及した「名品」で、つい数年前まで販売されていたのだが、残念ながら生産終了

●トイレボール

発売年：1966年　価格：294円

問合せ：株式会社白元／03-5681-7691

洗える食卓カバー

食卓に用意した食事をハエやホコリから守るカバー。正式には「蝿帳《はいちょう》」と呼ぶ。我が家では実際に使用されることはなかったし、実物を目にしたこともなかった。それでも懐かしい感じがするのは、幼少時にテレビドラマやマンガなどでよく目にしていたからだろう。七〇年代っぽさを色濃く残す「花柄レース」は、ヴィンテージマンションのダイニングキッチンにも、四畳半アパートのちゃぶ台にもよく似合いそう。

本書には「ハエ対策商品」がいくつも掲載されているが、別に「ハエに執着する」という編集方針があるわけではなく、ロングセラーの日用品を漁《あさ》れば自然に「ハエ関連」が集まってしまう。それほどまでに、六〇年代なかばまでのハエは威嚇的な存在だったということだろう。一九五五年、東京都は河川や溝の浄化と消毒、下水道の整備を徹底。さらに六一年には各家庭の前に設置されていたゴミ箱を撤去し、定時に決められた場所に出されるゴミを自治体が回収する現在のスタイルに移行した。こうしたさまざまな施策により、六〇年代のハエ公害は「今はむかし」の歴史的挿話となったのである。

蚊帳の老舗メーカー、タナカの商品。色や柄は随時変更されるが、写真のような花柄のほか、フルーツ模様やギンガムチェックなど、多種多様な柄、サイズが用意されている。昔は田舎の古い家などに行くと、網戸のついた食器棚のような家具（冷蔵庫普及以前の食料保存庫）を見かけたが、あれの呼び名も食卓カバーと同じ「蝿帳」である

●洗える食卓カバー

発売年：1967年ごろ　価格：1480～1980円
問合せ：タナカ株式会社／0776-41-3820

アルジャント116（レコードクリーナー）

大型レコード店のチェーンなどなかった時代、レコードを買うのは商店街のレコード屋さんである。初めて買ってもらったフィンガー5のシングル『学園天国』から、小学生時代に流行《はや》ったキッス、ベイ・シティ・ローラーズ、モンキーズ（リバイバルしてたのだ）などなど、すべて駅前商店街の「明音堂」でまかなった。一〇坪ほどの店舗に全ジャンルの商品が詰め込まれていたわけだから、今考えればあまりに貧弱な品揃え。それでも当時は「未知の音楽に満ちた空間」だった。「ストーンズをアメリカ盤で聴いてるヤツはクズだ」なんぞとゴタクを並べる中学生になったころ、渋谷にタワレコがオープン（一九八一年）。そのスケールの違いに失神しそうになったのを覚えている。

経済力皆無の中高生にとって、レコードは貴重品。当然、保存状態には気を使う。で、必須になるのがレコードクリーナー。当時はナガオカ製のクリーナーがマニアから絶大な信頼を集めていた。「どれでも同じだろ?」なんて思ったら大間違い。安物はやたらと静電気を発生させ、こすればこするほど盤面がホコリだらけになってしまうのだ。

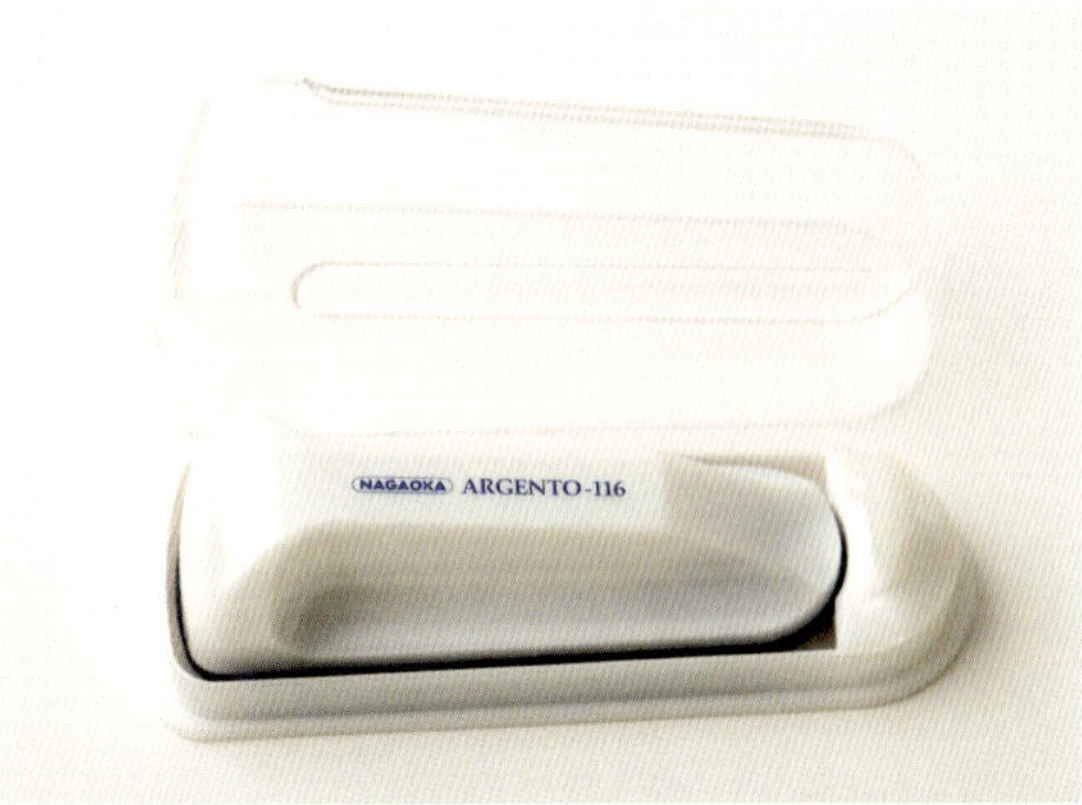

左の写真は汚れだけでなく、静電気をも除去するクリーニングスプレー「クリアトーン」(1967年ごろ。1575円)。これを噴霧してからクリーナーでふき取ると、あのパチパチッ！という静電気ノイズが軽減されるのである……といったアナログ盤をめぐるエピソードは若い世代には意味不明だろう

●アルジャント116

発売年：1967年ごろ　価格：1050円

問合せ：株式会社ナガオカトレーディング／03-3479-8181

ジュピター（実用車）

子ども時代、なんとなく明け方に目が覚めてしまい、カーテン越しに白々と淡い光が差しはじめた窓を眺めていたりすると、スズメのさえずりにまじって、遠くからカチャカチャという小気味よい音が近づいてくる。牛乳屋さんが配達をはじめた音だ。近所の牛乳屋さんのオジサンは、いつも薄汚い深緑色の巨大な自転車の荷台に、ビッシリと牛乳ビンを並べた大きな木箱を積み、ビンのぶつかり合う音を響かせながら町内をめぐっていた。そういえば、同じ時間に活動をはじめる新聞配達の人たちも、やはり深緑色のガッシリとした自転車に乗っていた。近所のお蕎麦屋さんやお寿司屋さんも同じだった。「配達」や「運搬」を目的に設計された自転車を、業界では「実用車」「重量運搬車」などと呼ぶのだそうだ。この「ジュピター」号は、ブリヂストンサイクルが誇るロングセラー車両。かつてはこうした自転車を町のあちこちで見かけたが、なぜかどれもサビとホコリと油にまみれていて、独特の貫禄があった。今回の取材で初めて新品の「実用車」を目にしたが、やはり徹底的に使い込まれていてこその「実用車」という気がする。

このモデルのほか、数年前まではフレームが三角になっている「ダイヤモンド型」も販売されていた。いわゆる「三角乗り」（フレームの三角部分に足を突っ込んで乗る）という曲芸的運転ができる古典的モデルだ。現在は写真の「スタッガード型」のみが販売されている

●ジュピター

発売年：1968年　価格：57800円

問合せ：ブリヂストンサイクル株式会社／0120-72-1911

シャンプーハット

嫌がる子どもをなだめすかし、「はい、目を閉じて！　いい？　いくよ！」なんて言いながらお父さんやお母さんが手桶でザバーッとお湯をかける。一般家庭のお風呂にシャワーなどなかった時代、これが典型的な「子どもの洗髪」の光景だった。シャンプー混じりのお湯が目に入ってしみるので、たいていの子どもは洗髪が大嫌いだった。

そこに登場した「フジちゃんシャンプーハット」（発売時の商品名）。我が子の「洗髪嫌い」をなんとかしようと、ピップの社員が独自に開発した前例のない商品だ。「たわみ」を考慮した独特の形状はトタン屋根を参考にしたもの。サイズは何百人もの子どもの頭を実際に計測して設定された。発売から約四〇年間、ほぼデザインの変更はない。当初からかなり完成度の高い商品だったのだ。とはいえ、後に材質変更で改善されたが、発売当初の「シャンプーハット」は、フチの部分からジワジワとお湯が浸水してきた記憶がある。そのために我が家では実用は断念され、もっぱら『ドロロンえん魔くん』の「カパエル」（カッパの妖怪）ごっこの道具として用いられることになった。

前例のない商品だけに、発売時の営業は困難を極めたそうだ。使用法を説明するため、百貨店のベビー用品売り場でスタッフが実際にかぶってPRしたところ、客に大笑いされたこともあったとか。現行品のキャラはNHK Eテレの『いないいないばあっ！』。カラーはブルーとピンク

●シャンプーハット

発売年：1969年　価格：577円

問合せ：ピップ株式会社／06-6945-4427

バポナ殺虫プレート

大きな窓から内部の黄色い部屋が見える金色のビルディング。幼稚園のころ、市場やスーパーなど、あちこちのお店の天井から吊り下げられた奇妙な物体が不思議でたまらなかった。なんだかSFチックな近未来建造物のオモチャのように見えたのだが、あるとき母に「あれはなに？」と聞いたのだと思う。「あれは殺虫剤だから絶対に触っちゃダメよ」と言われた。どうりで食べ物屋さんでよく見かけるわけだ、と納得。

「バポナ」はシェル石油の化学製品部門が独立したシェル興産（現在のシェルケミカルズジャパン）から発売され、現在はアース製薬が扱う商品。実は劇薬に指定されたこともあり（現在では解除されている）、「人が長時間とどまる場所」「食品が露出している場所」での使用は禁止されている。七〇年代当時、駅前市場の魚屋さんや乾物屋さん、近所のラーメン屋さんなど、多くのお店が平気でこれを吊るしていた。そういうお店のものを食べて育った僕がピンピンしているので特に問題はなかったようだが、現代の飲食店経営者のみなさま、くれぐれも注意書きを守ってご使用くださいませ。

子ども向け雑誌の付録についていた紙工作のようで、なんとなく幼児の興味をひくデザイン。組み立て式の紙の箱に薬剤となるプレートを入れて使用する。効果は２～３カ月持続し、隠れた虫も殲滅してくれる。劇薬指定を受けていた時代は、購入時にサインを求められるなどの手続きが必要だった

●バポナ殺虫プレート（レギュラーサイズ）

発売年：1969年　希望小売価格：1100円（税抜）

問合せ：アース製薬株式会社／0120-81-6456

羽根はたき

家庭で用いられることは少ないが、金物屋さんやオモチャ屋さんなど、商店で商品のホコリを払うのに使用されることが多かった羽根はたき。『サザエさん』などの昔のマンガでは、本屋さんのオヤジが使う「武器」としてよく登場した。図々しい立ち読み客を追っ払うとき、これで客の周辺をこれ見よがしにパタパタとやるのである。子ども時代、近所にあった「ほたる書房」という本屋のオジサンも羽根はたきを愛用していた。が、「はたきパタパタ」をやられた覚えは一度もない。小学校の通学路の途中にある店だったので、昼下がりには立ち読み目的で寄り道する子どもたちであふれ返ったが、オジサンの立ち読み客撃退法は「ひたすらにらみつける」という陰湿なものだった。

この種の商品の誕生は、明治後期から大正初期ごろ。肉を取った後のニワトリの羽が再利用されたらしい。当初は主に仏壇の清掃用として売り出されたそうだ。六〇年代なかごろには南アフリカから輸入されたダチョウの羽が使われるようになり、ボリュームもフワフワ感もアップ。そのやわらかさが好まれ、自動車の掃除用具の定番となった。

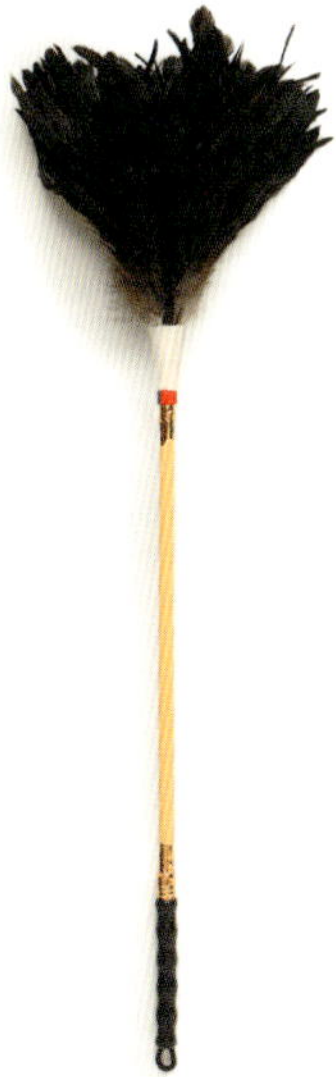

当初はニワトリの首、腰、尾の羽を種類ごとに選別し、1本ずつ糸で竹に巻きつけ、のりで固定するという手間のかかる工程で製造された。東京、名古屋で普及したが、名古屋が発祥の地であるという説が有力。需要が高まった戦後の一時期は、中国から輸入したニワトリの羽でつくられていた

●羽根はたきNo. 3

発売年：1960年代後半　価格：798円
問合せ：日本枝朶《しだ》パーム工業株式会社／03-3652-5136

サッサ

「使い捨てぞうきん」「化学ぞうきん」という、当時としては前代未聞の画期的商品。もの心がついたときにはすでに定番商品になっていたので「画期的」という印象はないのだが、七〇年代の後半に放映されたテレビCMが脳裏に焼きついている。「サッサ」片手に猛烈なスピードで部屋の掃除をしていたオバサン（女優の園佳也子）が、満面の笑みを浮かべながら「お友達になりたいわぁ？」（大阪弁のイントネーション）と言うCMだ。妙なインパクトがあって、この最後のセリフは当時の流行語になった。「サッサ」誕生のきっかけは、大日本除虫菊の幹部社員の奥さんのひとこと。入院した夫の見舞いに行ったとき、病室の隅に置かれていた使い古しのぞうきんを目にして言ったそうだ。「不衛生ね。使い捨てのぞうきんがあればいいのに」。このなにげないセリフが世界初の紙製ぞうきんを生んだのである。発売前にいくつかの県でテスト販売されたが、そのときは白い色だったのだそうだ。「すぐに薄汚れてしまう」というクレームが寄せられ、今では「サッサ」の目印になっている鮮やかな黄色に変更された。

当時の大日本除虫菊は、夏場にしか売れない「金鳥」ブランドの殺虫剤のほかに、年間を通じて販売できる商品を開発しようと模索していた。「サッサ」は、「金鳥」にとって初めての「年間商品」でもあったのだ。1973年に姉妹品「ブルーサッサ」、88年には「ハイサッサ」も発売された

●サッサ

発売年：1970年　価格：336円

問合せ：大日本除虫菊株式会社／06-6441-0454

ソフト南天

「京花紙《きょうはなし》」と呼ばれる昔ながらの化粧紙。楮《こうぞ》という植物の繊維からできており、ティッシュの主原料である木材パルプよりもやわらかく、吸水性にも優れている。

化粧紙というくらいだからもちろんメイクのときなどにも使われたが、かつては一般家庭のトイレットペーパーとして広く普及していた。それまでは俗に「便所紙」と呼ばれるガサガサした灰色っぽい古紙再生紙が主流で、それより一段高級な商品として登場したのが、この純白の化粧紙だ。たいていの家庭のトイレには竹や籐でつくった「紙置き」(?)が設置され、そこに化粧紙が適当な高さに重ねられていた。当時、ロールペーパーは学校や駅、デパートなどのトイレでしかお目にかかれなかったと思う。

商品名の南天は、昭和の時代に庭先の木として好まれた赤い実をつける植物。そのくらい普及してほしい、ということで商品名に用いられた。実際、当時は多くの家庭が玄関横などに南天を植えていた。子どもたちは雪が降ると雪ダルマのほかに雪ウサギをつくったが、南天の赤い実がウサギの目として用いられた。

発売から数年後のオイルショック時は、まさに奪い合いの騒ぎだったそうだ。ニーズの変化で徐々に生産量を減らしているが、「温故知新」をモットーに昔ながらの方法で製造を続けている。望月製紙は「世界一やわらかい」とされるトイレットペーパー「素肌ロール」で知られるメーカー

●ソフト南天

発売年：1970年　価格：808円

問合せ：望月製紙株式会社／088-854-0831

トップフィルターフリー

昔はキッチンの水道などにも、あのいかにも「水道です」という形状の蛇口が用いられていた。レバーで吐水量をコントロールしたり、吐水パイプを好きな方向に曲げられる今風のモノではなく、屋外駐車場や公園なんかで今も見かける無骨な感じのヤツだ。当然、うっかり蛇口をひねりすぎると、ズバババババッと水がほとばしり、流しの周囲がしぶきでびしょ濡れになってしまう。で、必須になるのが、この「白いイチゴ」のような水道フィルターだった。「吐水状態を整える整流機能」と「ゴミとり機能」(昔はよく水道の水に鉄サビみたいなものが混じっていたのだ)を併せ持つ商品だ。

水道の水といえば、「てっかんビール」という謎の流行語を思い出す。小学生時代、「てっかんビール、飲みに行こうぜ」みたいな言い方がなぜか大流行した。なんのことはない、水飲み場で水を飲むだけ。意味もわからずに使っていたのだが、あるラジオ番組で「昔の流行語」として取り上げられ、積年の謎が解けた。「てっかん」は「鉄管」。つまり水道。喉が渇いているときの水はビールよりうまい、という意味だったらしい。

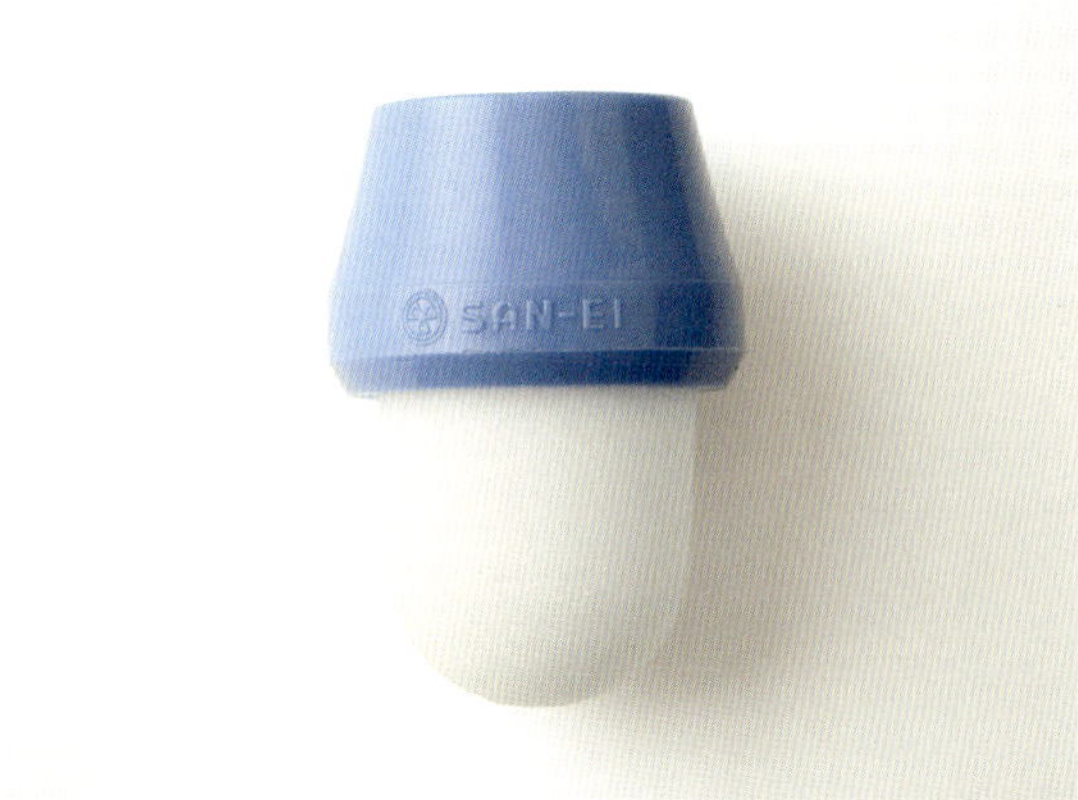

2005年にマイナーチェンジされたが、おなじみの形は昔のまま。三栄水栓ではこの種の商品を古くから手がけているが、その第1号が1970年発売の「ウオーターミキサー」。当時のカタログを見せていただいたが、このころはまだイチゴ形ではなく、ウイスキーの樽のような形状をしていた

●トップフィルターフリー

発売年：1970年　価格：273円

問合せ：株式会社三栄水栓製作所／03-3683-7496

マンダム

六〇年代後半、「丹頂チック」を看板商品とする丹頂（現在のマンダム）が業績不振を打開するため、全力をあげて開発したのがこの「マンダム」シリーズである。中性的でスマートな男性像がもてはやされていた当時、あえて「男の体臭」「徹底した男性上位」をコンセプトに、「フェミニン」な時代へカウンターパンチをくらわせた。「マンダム」とはMAN（男）＋DOMAIN（領域）で、いわば「男の世界」の意。

イメージキャラクターに選ばれたのは、すでに五〇歳に近く、しかも「悪役顔」のチャールズ・ブロンソン。意表をつくキャスティングだが、大林宣彦監督を起用したCMは爆発的な人気となり、CMソング『マンダム〜男の世界』も大ヒットを記録。

CMの決めゼリフ「う〜ん、マンダム」は子どもたちの間でも流行語となった。当時、一種のギャグとして流行《はや》ったのが、誰かに「ちょっと自分のアゴを触ってみて」と命じ、「え？　なんで？」なんて言いながら相手がアゴに手をやったとたん、「う〜ん、マンダム」と言う遊び。その気のないヤツにブロンソンのマネを強制するイタズラである。

このシリーズの大ヒットで丹頂はマンダムに社名を変更。大ウケしたCMは1970年から８年間も放映された。CMソングを歌ったのはジェリー・ウォレス。ちなみに、シンボルマークの「男の顔」はブロンソンがモデルではない。ノルウェーのフログネル公園内の彫刻の顔をモチーフにしたのだとか

●マンダム（ヘアリキッド）

発売年：1970年　価格：1050円

問合せ：株式会社マンダム／06-6767-5020

籐ふとんたたき

数年前、「科学的に分析するとですね、ふとんはたたいてもキレイにならないんですよ」みたいなことを鬼の首を取ったように主張する家事評論家みたいな人たちが現れ、こうした見解が一般に浸透すると、今度はマンションなどでパンパンふとんをたたくのは近所迷惑！　みたいな意見がまかり通るようになってしまった。現在、ふとんたたきの習慣はすっかり過去の遺物、いや、非常識な迷惑行為と化してしまったようだ。新聞の「身の上相談」に「マンションの隣人がふとんをたたくのでうるさい」などという投稿が掲載されたり、「マナー違反」として禁止する集合住宅も増えているという。

僕らの子ども時代、お天気のよい一日の終わり、日が西に傾くころには、あちこちの家から申し合わせたようにパンパンと布団をたたく音が鳴り響いた。それをうるさいと感じる人はかなりの「変わり者」だけだったと思うし、ホコリが飛び散ると怒鳴り込んだりすれば「困ったちゃん」として町内中の噂になったと思う。これは時代による生活習慣やマナー観の変化というより、人々の「イライラ度」の増加の問題という気がする。

本文に書いたような理由で市場からふとんたたきが締め出されているかというと、不思議なことにどうもそうではないらしい。さまざまな形状のものが各メーカーから販売されているのである。プラスチック製のものが増えたが、今もやっぱり王道はこの昔ながらの籐製だろう

●籐ふとんたたき

発売年：1970年ごろ　価格：283円
問合せ：日本枝朶《しだ》パーム工業株式会社／03-3652-5136

ブルーム洋服ブラシ

ポリエチレンのグリップとカラフルなビニールカバーがついた洋服ブラシ。七〇年代、床屋さんが切った髪の毛をお客さんの肩から払い落としたり、洋品店のオジサンが商品のホコリを払ったりするときに使うのは、このポリエチレン製グリップの高砂ブランドのブラシが多かった。オモチャっぽい多角形グリップ、チェックや花柄のビニールカバーなどの高度成長期的デザインは、今もまったく変わっていない。

これで思い出すのは、近所にあった「テーラーコバヤシ」。現在、「テーラー」の看板を掲げるお店は少なくなっているが、かつてはたいていの商店街には「テーラー〇〇」という紳士服屋さんがあった。近所の中学・高校の「指定店」にもなっていて、学校の制服を扱う店が多い。「テーラーコバヤシ」の店主は常にまっ白なワイシャツと黒いスラックス姿、首にメジャーをかけたりして、いかにも「紳士服屋さん」という感じだった。この店主が妙に気取った手つきで洋服ブラシをせわしなく動かし、入り口の外に出してある「お値打ち商品」のホコリをパサパサと払っているのをよく見かけたものだ。

メーカーによれば、やはり現在も理・美容室では定番のツールになっているそうだ。そのほか、クリーニング屋さんなどにも愛用されている。天然素材を使ったブラシなので静電気をいっさい発生させない。日本枝朶《しだ》パーム工業では通販も行っているが、カバー部の柄や色などは選択できず、メーカーの「おまかせ」になるらしい

●ブルーム洋服ブラシ

発売年：1970年ごろ　価格：651円
問合せ：日本枝朶《しだ》パーム工業株式会社／03-3652-5136

座敷ほうき

今も流通する竹ぼうきや手編みほうきのほうがもちろん歴史はあるし、「昭和の暮らし」を回顧するにはふさわしいのかもしれない。が、あれらのほうきは一種の民芸品みたいで、七〇年代っ子たちにはなにも語りかけてこないのである。職人さんが丹精を込めてつくったコケシや日本人形よりも、「カネゴン」のブルマァク製ソフビ人形のほうに強烈な懐しさを感じる、というのと同じ意味で、このチェック柄プリントのビニールカバー、しかもレース飾りつきの座敷ほうきは我々世代の記憶を刺激するのだ。

この種のほうきは業界ではカバーほうきと呼ばれ、高度経済成長期に誕生。当時は好景気で職人さんが次々に別の仕事に就いてしまい、手編みほうきをつくる技術を持った人が不足したそうだ。そこで登場したのが、この大量生産可能な新型ほうきなのである。

それにしても、ほうきに限らず本書掲載商品全般にいえることだが、手づくり商品よりもプラスチックやビニールやアクリルを使用した工業製品にばかり郷愁を感じる、という習性を持つ我々は、つくづく「大量生産世代」なのだなぁ、と実感する。

従来の手編みほうきは、糸を編み込んでつくることから「糸ほうき」、もしくは、主に東京でつくられることから「東京ほうき」とも呼ばれた。日本枝朶《しだ》パーム工業は、これらの手づくりほうきを今も販売している。ちなみに、同社の名はほうき(枝朶)とたわし(パーム)の原材料名から名づけられている

●座敷ほうき短柄　S-2

発売年：1970年ごろ　価格：662円
問合せ：日本枝朶《しだ》パーム工業株式会社／03-3652-5136

スリーピン

いわゆる「パッチンどめ」。七〇年代、たいていの小学生女子はこの「パッチン」（当時はメタリックな赤や紫色が流行《はや》っていた）か、ヘアゴム（ただの黒いタイプ、もしくはサクランボつきなど）、あるいは黒い針金を二つに折っただけの地味なヘアピンを頭にくっつけていた。当時の「パッチン採用ヘアスタイル」としては、ロングの場合は前髪を真ん中で分けて、両側の耳の上あたりで「パッチン！」、ショートは前を横分けにして片方の耳の上で「パッチン！」、みたいなスタイルが定番だったと思う。

大人になると「異性をひっぱたく」という機会はまずなくなるが（なくならないと困る）、小学校低学年くらいまでは「男の子が女の子をぶつ」というのは日常茶飯事。元男の子なら、クラスの女の子の頭をいつもの感じでペシャリとやったつもりが、「いたたっ！」などと意外なほど大げさに反応されてビックリした記憶があると思う。「なにすんのよォ～、ヘアピンの上からぶたれると痛いんだからねェ～」と興奮ぎみに説明された後、帽子のゴムを巧妙に活用した「ピシャリ攻撃」で報復されたりするのだ。

その他、左の写真のようなバリエーションがある。左から「和調スリーピンベッコウ」(420円)、「和調スリーピン中黒」(262円)、「和調スリーピンベッコウ風和調デザイン」(315円)。ソミールプロダクツは旧・協和オーナメント

●スリーピン(和調スリーピン小黒)

発売年:1971年　価格:210円

問合せ:ソミールプロダクツ株式会社/03-3972-3091

ブルーム（卓上調味料容器セット）

「幸せな家庭」を象徴するかのような卓上調味料容器セット。下北沢あたりのレトロなキッチン雑貨専門店などでは、この種の商品のデッドストックが「ふざけんなっ！」みたいな値段で並んでいたりする。リス製シリーズは一九七二年から金型にまったく変更なし。独特のアクリル容器のフォルム、サクランボ柄で統一されたデザインは「正真正銘の七〇年代」なのだ。それが現行品価格で買えるのだから、「キッチンを高度成長期にしたい」と花柄魔法ビンなどを追い求める人々にとっては夢のような商品なのである。

プラスチック製品メーカーであるリス社の開発陣は、プラスチック製の日用品が安物の代名詞とされた当時の風潮に挑戦するため、工芸品に取り組むような情熱をこの調味料容器シリーズに注いだという。丸みをおびた形状と、ガラスのような透明度。前例のないデザインは当時の技術では成型が困難で、しかもアクリルを使用するのでコストもかかってしまう。上層部は「売れるわけがない」と難色を示したそうだが、発売と同時に大ヒットを記録。最盛期には月商一億円を超え、「お化け商品」とまで言われた。

発売当初の名称は「トレビアン」。あべ静江を広告に起用していた。「ニューファミリー的豊かさ」が重視された1972年という発売年が重要。これより古くなるとアンティーク感が強く、新しくなると「定食屋感」が出てしまう。リス社は54年から卓上調味料容器セットを製造している。かつてはグリーンのシリーズもあったが、現在はレッドのみ

●ブルーム卓上調味料容器セット

発売年：1972年

価格：上記セット計4630円(単品で350〜1180円)

問合せ：リス株式会社／058-265-2230

ごきぶりホイホイ

なにかを食べながら本書を読んでいる方は、ひとまず本を閉じて食べることに集中するか、あるいはこのページを飛ばして次の項目へ進んでいただきたい。

七〇年代の初頭ごろまで、「生け捕り式ゴキブリ捕獲器」なるものが存在した。各社から販売されていたようだが、記憶にあるのは茶色い半透明プラスチック製の迷路型トラップ。内側にしか開かないノコギリの歯のような形状の金属製の扉が装備され、一度侵入すると脱出は不可能。問題は、この捕獲器があくまで「生け捕り式」だったこと。そう、捕獲器がカサコソとうごめくゴキブリたちで「満員」になったときは、人間が自らの手で連中の息の根を止めなければならないのだ。まさに地獄絵図である。

そんな時代にもたらされた福音が、ゴキブリの姿を見ずに処理できる「ごきぶりホイホイ」。ネズミ捕り用粘着シートにヒントを得た画期的な捕獲器だ。開発時は「ゴキブラー」だったが、発売直前に社長自らが「ごきぶりホイホイ」と命名。ネーミングやデザインのユニークさもあり、発売直後から爆発的なヒット商品となった。

初期の「ごきぶりホイホイ」は、付属のチューブをしぼって台紙にニュルニュルと粘着剤を塗布するシステムだった。2003年、このタイプを忠実に再現した「復刻版ごきぶりホイホイ」も発売された

●ごきぶりホイホイ

発売年：1973年　価格：525円

問合せ：アース製薬株式会社／0120-81-6456

スーパー25

七〇年代、タバコ屋さんと子どもたちの縁は深かった。特に公園や学校近くのタバコ屋は、ほとんどが「半分駄菓子屋さん」状態の店が多かったのである。近所の公園の真向かいにも、子どもたちの休憩所と化したタバコ屋さんがあった。遊び疲れると誰からともなく「タバコ屋、行こうぜ」ということになり、近道の「鉄柵のすきま」をみんなで通り抜けた。ジュース、アイス、ガム、社会問題になった「仮面ライダースナック」に「プロ野球スナック」……必要なモノはすべてタバコ屋さんでまかなうことができた。

なので、当時の各種喫煙具はやたらと記憶に残っている。「ちいさなヤニとりパイプ」として登場したカマヤ「スーパー25」もそのひとつだ。当時、同種の商品としては「フレンドフィルター」がヒットしており、CMに出演した杉浦直樹の「タバコ、する?」が流行語になっていた（これで「お茶する」などの言い方が広まった）。「フレンド」は五〇〇円ほどだったが、「スーパー25」は一〇個入り一〇〇円。たちまち定番商品となった。この価格は四〇年以上を経た現在も据え置きになっている。

●スーパー25

発売年：1973年　価格：105円
問合せ：株式会社カマヤ／03-3667-3553

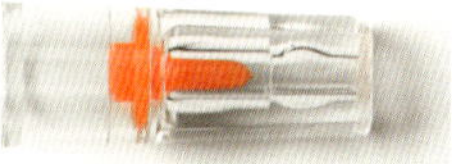

商品名の「25」は、ニコチンやタールを4分の1(25%)に減らす、という意味。内部の穴の周囲にヤニが吸着される。パッケージはもちろん、店頭陳列用の箱も昔のままだ

レジャーシート

七〇年代の典型的な「レジャーシート」。材質、柄ともに当時からまったく変わっていない一品である。「レジャー」という言葉自体が七〇年代の「ニューファミリー」なんてものを連想させるわけだが、当時、一般には「バカンスシート」と呼ばれていたと思う。「バカンス」となるとさらに「浮世離れ感」はアップし、いかにも六〇年代的な香りが漂う。もともとは「イエイエ」時代（フランス・ギャルの『夢みるシャンソン人形』などがヒットしていた時期）のフレンチポップスなどによって若者たちの間に定着した仏語だが、一九六三年、東レの「バカンスルック」の登場で流行語となった。

紹介するのは昔ながらの四色縞模様。このタイプか、青の代わりに緑が入った縞模様のシートが七〇年代の「行楽」の象徴だ。小学生時代、夏休みの海水浴場や花見の季節の公園などは、一面縞模様だらけだったのを覚えている。昨今の花見では工事現場用のブルーシートが用いられることが多いが、あの「災害時の避難所」っぽさは「行楽」気分を台なしにしてしまう。

左も定番の「ベストマット」(オープン価格)。こうしたシートは従来の「ござ」の代用品として開発され、当初は「ござ」メーカーから発売されることが多かったそうだ

●レジャーシート(1畳)

発売年：1973年ごろ　価格：オープン価格(130円前後)

問合せ：株式会社アサヒ興洋／03-5769-0205

チルチルミチル

駅の売店でもコンビニでも見かける一〇〇円の使い捨てライター。「こんなモノ、フツーに『まだある』じゃん」と思うかもしれないが、「チルチルミチル」という商品名、そして着火口（先端の金属部分）に人知れず刻まれたキュートな「青い鳥」のイラストに注目すれば、にわかにフツフツと懐かしさがこみあげてくるはずである。

「チルチルミチル」が発売されたのは、プラスチックが高騰する、いわゆる「オイルショック」の時代。メーカーの東京パイプによれば、「そういう時期だからこそ」と、あえて一〇〇円で買える使い捨てライターを考案したのだそうだ。ちなみに、一九七〇年にクラウンが「マチュラー」という名のライターを発売しており、これが国内初の一〇〇円使い捨てライター。が、かなり完成度が低く、不評だったらしい。一〇〇円ライターが一般に広く認知されるようになったのは、やはり「チルチルミチル」からだろう。

現在、一〇〇円ライターは完全に「危険物」扱いされ、追放運動まで起こっているようだ。そのうちに一〇〇円ライター全般が懐かしい商品になってしまうかもしれない。

昔から変わらぬ「青い鳥」のキャラ。発売当初、ライターにメルヘン風のキャラクターというミスマッチが話題になった。キャラデザインは児童雑誌などのイラストなどを描く松本豊さん

●チルチルミチル

発売年：1975年　価格：105円

問合せ：東京パイプ株式会社／03-3436-1081

スベラーズ

「カグスベール」と記憶がごっちゃになっている人も多いようだが、「スベラーズ」とは家庭の階段に貼りつける滑り止め材。同世代であれば、長門勇がドタドタドタッ！と階段を転がり落ちるテレビCMを子ども時代に何度も目にしていると思う。当時、長門勇は川口技研のイメージキャラクターを務めていて、「スベラーズ」のほかにも、「♪網戸買うならOKア・ミ・ド！」とか、敷居の滑りをよくするテープ「敷居スベリ」などのCMにも出演していたと思う。

発売された一九七五年当時、一般家庭の階段転落事故は年々増加傾向にあった。当時の厚生省の資料によれば、七二年の時点で一日に二件の死亡事故があったという。今も階段は「住宅内でもっとも危険な個所」といわれるが、あの時代の日本家屋の階段は、段差が大きく、手すりもなく、とにかく急だった。僕の実家などもまさにそうで、もの心がついたころから親に「絶対に階段で遊ぶな！」と言い聞かせられていたものだ。もちろん「スベラーズ」が装着されていたのは言うまでもない。

●スベラーズ(一般用14本入り)

発売年:1975年　希望小売価格:各5940円(税抜)

問合せ:株式会社川口技研/048-255-5411

踏面部分と角部にクッションを入れ、万が一転倒してもケガが軽減されるように設計されている。また、蓄光性素材によって消灯・停電時も微発光する。写真の3色のほか、赤、緑もある。長門勇出演のCMは現在もTBSラジオのスポットCMとして放送されている

鉄ベル

現在、この種のベルがついた自転車はまず見かけなくなった。小型ベルをスプリング式レバーではじくミニベルが主流だ。特に数年前から「うるさくベルを鳴らす自転車はマナー違反」みたいなことが取り沙汰されるようになり、鉄ベルの「ジリリリッ！」より、ミニベルの「チーン！」という控えめな単音が好まれるようになったようだ。

前から気になっていたのだが、自転車ベルの鳴らし方には世代差があるような気がする。中年世代までは特定の「じゃまな人」めがけて鳴らすのだが、高齢者の方々のなかには、特に「じゃまな人」がいないにもかかわらず、やたらと「鳴らしっぱなし」で歩道を走行する人が少なくない。これは一見、「無差別攻撃」的でムカつくのだが、よく観察してみると、年配の人はベルを「警告」ではなく「お知らせ」に使っているのである、たぶん。つまり、「おまえ、じゃまだからどけ」というクラクション的使用法ではなく、「みなさん、自転車が通りますよー！」というサイレン的使用法なのだ。これに気づいてから、「鳴らしっぱなし」のお年寄りに出会っても腹が立たなくなった。

「引きベル」とも呼ばれる。同型のベルは戦後すぐに普及したそうだ。ゼンマイのような機構により、ジリリリッ！ と長めの音が響きわたる。レバーの手ごたえがなんともイイ。現行品はレバー部分などにプラスチック部品が使用されているが、かつてはすべてのパーツが金属製だった

●鉄ベル

発売年：1975年ごろ　価格：オープン価格

問合せ：株式会社サギサカ／0565-28-6000

ズックリン

子ども時代には運動靴を「ズック」と称する大人がまだちらほら存在した。この言葉はテントや船の帆などに用いられる厚手の布を示すオランダ語に由来しているそうで、のちにキャンバス地でつくったゴム底の靴の総称となった。この種の靴は一九五〇年代、主に小中学校の上履きとして広く普及していく。

「ズックリン」はその名のとおり、この上履き洗いに特化した洗剤である。従来、靴を洗う際には固形の洗濯石鹸を使うしかなかったが、七〇年代後半以降は「ズックリン」と靴洗いブラシ（プラスチックの柄のついたタワシ）が必需品となった。洗濯を繰り返した上履きのフニョフニョになったゴムの感じなども懐かしい。

「ズックリン」のCMは学期の変わり目に集中して流れた記憶があるが、個人的には夏休みのイメージが強い。終業式の日に持ち帰った汚れた上履きが、夏休み初日の朝に真っ白になって物干しに干され、ポタポタと水をしたたらせていたりするのを見て、「ああ、夏休みだなぁ」なんて思ったことを覚えている。

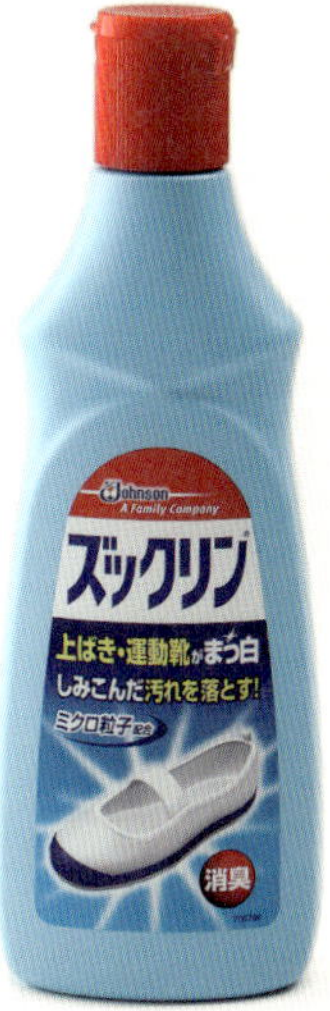

靴を水にひたし、汚れに直接かけてブラシでこするだけ。ミクロの粒子の働きでガンコな汚れも落とし、さらには消臭・除菌効果も。そういえば、同じくジョンソンからワイシャツの襟汚れに特化した「カラクリン」(1973年)という洗剤も販売されていた。こちらは残念ながら販売終了

●ズックリン

発売年：1978年　価格：オープン価格

問合せ：株式会社ジョンソン／045-640-2111

ホカロン

酸化熱を応用した業界初の使い捨てカイロ。お菓子の酸化を防ぐ脱酸素剤から偶然に生まれた副産物的な「大発明」だ。発売時のキャッチコピーは「火を使わない不思議なカイロ」だった。その「不思議さ」は、冷え性に悩む大人たちに福音をもたらしただけでなく、「風の子」（という表現も古いが）であるはずの子どもたちをも魅了した。「熱くなるのがおもしろい」ってことで、寒くもないのにオモチャ感覚で「ホカロン」を携帯し、登下校時にポケットの中でモミモミする小中学生が続出したのである。初期の「ホカロン」は袋の強度が低かったのか、半日くらいモミモミしつづけていると破けてしまい、中身の真っ黒な砂がポケットの中にあふれたりしたのを覚えている。

もはや「火を使わないカイロ」は「不思議」でもなんでもなく、袋に印刷されていた初期のキャッチコピーもとっくに消えた。日用品として人々の生活にすっかり定着したということだろう。今ではパッケージに描かれる「空飛ぶ絨毯《じゅうたん》に乗った魔法使い（っぽいオジサン）」だけが、登場時の「不思議」アピールの名残りとなっている。

現在では「部位別」「貼るタイプ」など、ラインナップも多彩。子ども時代に初期型で遊んだ記憶しかない「非冷え性」の人は、現行品が「モミモミ不要」となっていることに驚愕するはず。外袋から出すだけで、すぐに温かくなってしまうのである。姉妹品に「ヒヤロン」(冷却パック)もあり

●ホカロン(一般型)

発売年:1978年　価格:オープン価格

問合せ:ロッテ健康産業株式会社/0120-818-711

自転車用ゴムロープ

ほぼ現行品と同じものが、すでに昭和初期に普及していた。「〇〇タイト」と名づけられることが多く、この商品も「モペットタイト」「スペシャルタイト」などの名で販売された。町で見かけることは少なくなったが、実用的なカゴつきシティサイクルが主流となったためだろう。最近はスマートなカゴつきモデルも増えたが、七〇年代の自転車ブームの渦中にあった我々世代にとって、カゴは「ダサいモノ」の代表とされた。

考えてみれば、七〇年代っ子は実用性を無視した車種にばかり乗っていたと思う。僕の最初の愛車はブリヂストン「ドレミ」のサイクロン号。『仮面ライダー』のバイクがモチーフで、パトカーのような赤色灯つき。次に流行した「セミドロップ」にも、スーパーカーブームの悪影響により、電動でポップアップするライトなどの電子機器がたっぷり装備されていた。そして「ドロップハンドル」の代名詞、ブリヂストン「ロードマン」のブレイク。一見機能的に見えるこのモデルも実用性からはほど遠く、ちょっと荷物を積むにも別売りの荷台と馬の鞍みたいなバッグを購入しなければならなかった。

●自転車用ゴムロープ

発売年：1970年代後半　価格：オープン価格

問合せ：株式会社サギサカ／0565-28-6000

こちらはサギサカ製「ハブ毛」(1975年ごろの発売。オープン価格)。タイヤの中心につけておくヤツだ。ただの飾りではなく、走るだけでハブ(車軸部分)を掃除してくれる

一本ラッパ

不思議な商品名だが、おなじみのラッパ形自転車用警笛。かつてはラッパを二本、三本と重ねたタイプもあったため（重ねたラッパをホルンのようにねじったヤツもあった）、このシンプルなタイプは「一本ラッパ」と呼ばれるようになったようだ。七〇年代にはすでにクラシックなアイテムだったが、「それが逆にオシャレ」とされていた。当時、ワルめの子たちの間でチョッパーハンドルの自転車（『イージーライダー』のハーレーみたいなヤツ）が流行《はや》ったが、あの「不良」仕様の改造車にはラッパが欠かせなかった。

現在、自転車用警笛のほぼ九割がミニベルだが、七〇年代にはもっと種類豊富で、いろいろと凝ったモノが出まわっていた。懐かしいのは多くの児童用自転車に採用されていた「自転車ブザー」。電池入りのロケットみたいな本体にコードでつながったボタンがついており、押すたびに「ビーッ！」とか「ブーッ！」と鳴るタイプだ。冷静に考えれば「なくなって当然」という気もする商品だが、ナショナルのカラフルなブリキ製ブザーなどは流線形の近未来的デザインでカッコよかった。

自転車用ラッパは、すでに1930年代には普及していたそうだ。定番は金属部分がシルバーのタイプ。現在も数社が製造してはいるのだが、デザインはだいぶ変化している。サギサカの現行品は全体が黒塗りだが、スタイルは昔のまま。もちろん音も昔ながらの「ぱふっ！」である

●一本ラッパ

発売年：1980年ごろ　価格：オープン価格

問合せ：株式会社サギサカ／0565-28-6000

アクアフレッシュ

「歯みがき粉」の思い出をたどってみると、まずもっとも古い記憶として「こどもはみがき」の「味」がよみがえる。ライオン「こどもはみがき」の妙に粉っぽい「バナナ味」がお気に入りだったが、「食べちゃうからダメ！」ということで我が家では使用禁止になった。次に「お！」と思ったのが、一九七〇年発売の「ホワイト&ホワイト」（やはりライオン）。初のラミネートチューブの登場により、残り少なくなったシワシワの金属チューブのお尻をクルクル巻く、という習慣は消滅した。そして、さらに衝撃的だったのが、この「アクアフレッシュ」だ。「青と白のストライプ！」を強調するテレビCMを最初に見たときは、「ウソだよ、こんなの！」と思ったものである。

この商品は七三年に英国のスミスクライン・ビーチャム社（現在のグラクソ・スミスクライン）から発売された。日本での販売開始は八一年（当初の販売元はサンスター、現在はアース製薬）。「さわやかな息と美しい歯」を象徴する青白ストライプで登場し、後に「健康な歯グキ」をイメージさせる赤が加わってトリコロールとなった。

●アクアフレッシュ

発売年：1981年　価格：オープン価格

問合せ：グラクソ・スミスクライン株式会社／0120-461-851

白、青、赤はそれぞれ別々のコンテナから特殊な充填装置によってチューブに送り込まれる。きれいなストライプを維持するには、使うときにチューブの後ろからしぼっていくのがコツ

ルーレット式おみくじ器

飲食店などのテーブルの上に鎮座する星占いマシン。おみくじ販売に特化したシンプルな機器もよく見かけるが、紹介するのはルーレットつきモデル。コインを入れてレバーを引くとポトリとおみくじが吐き出され、同時にルーレットが勢いよく回転する。示された数字とおみくじの数字を照合して占う、という高度(?)なシステムだ。

卓上占いマシンには昔から種々のデザインがあり、灰皿つきタイプなどもよく見かけた。懐かしいのは、透明ドームの中で造花が咲き誇るドリーミーなモデル。実は、あれも「ルーレット式」を製造する北多摩製作所の製品。残念ながら現在は販売していない。ちなみに、同社の本業は精密機器の製造。原子炉や医療機器の部品を手がけている。「三〇年間も市場に残るとは思わなかった」と語る社長さんは、人気の理由を「いつの時代も人は明日への不安を抱えているから」と分析している。「明日はどっちだ?」が昭和の時代よりもはるかに見えにくくなっている現代、「シャレでやってみっか!」なんて言い訳しつつ、ついついこの機械にコインを投入しちゃう人は増えているのかも?

●ルーレット式おみくじ器

発売年：1983年　価格：要問合せ
問合せ：有限会社北多摩製作所／
019-687-1140

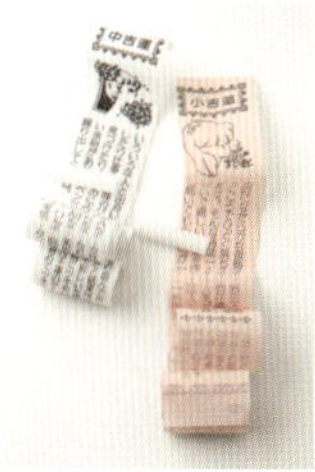

購入も可能だが、基本的にはリース契約。費用はいっさいかからず、売上金の30%が配分されるシステム。社長によれば、「利回りは銀行利息よりはるかによい！」とのこと。インテリアとしてもなかなかキュート。写真の赤のほか、黒のモデルもある

ティモテ

やわらかな日差しのなか、花の咲き乱れる草原で、白人の少女が長いブロンドの髪を洗う美しいCMを覚えている人は多いだろう。幻想的なソフトフォーカスの映像と、「♪ティモテ〜、ティモテ〜」というドリーミーなコーラスが印象的だった。当時、女子中高生だった人のなかには、このCMのマネをして「♪ティモテ〜」と歌いながら「ティモテ洗い」をした、という人も多いはず。「ティモテ洗い」とは、頭を傾けた状態で長い髪をサイドにまとめてたらし、それを両手ではさみこむようにしながら行う洗髪法(?・)である。ちょうど「朝シャン」が流行しはじめたころで、洗面所で優雅に「ティモテ洗い」をキメてからいそいそと登校する子も多かったらしい。

七〇年代にスウェーデンで誕生した「ティモテ」は、一九八五年に日本初上陸。「北欧生まれの自然派シャンプー」として好評を博したが、バブル崩壊後の価格競争で苦戦を強いられ、九四年に撤退した。が、二〇一三年に約二〇年ぶりに再上陸。「自然派」「北欧」というアピールポイントは、まさに今の日本市場にこそピッタリである。

厳選したオーガニック認証成分を使用したノンシリコーンシャンプーとトリートメント。シャンプーにはオーガニックグリーンティーエキス、トリートメントにはオーガニックシアバターが配合されている。香料にも天然エッセンシャルオイルを使用し、合成着色料などは無添加

●ティモテ

発売年：1985年(2013年)　価格：オープン価格
問合せ：ユニリーバジャパン株式会社／0120-500-513

セキスイ ペリカンポリ袋

個人的には非常に思い入れがある商品なのだが、いまひとつ同世代の人たちの共感が得られない。資料が残っていないので発売年すら不明だが、少なくとも七〇年代初頭には、家庭用ポリ袋はこれしかなかったのではないかと思えるほど普及していたはずだ。トボけたペリカンの姿が印象的だったのはもちろんだが、子どものころから気になっていたのがパッケージ左上隅のテントウムシ。羽を閉じていたり、開いていたり、商品ごとにバリエーションがあっておもしろかった。また、同封されている検品票も懐かしい。ここにもテントウムシが描かれていて、一枚一枚、品質検査をした担当者の印鑑が押されていた。サイズや色によって、なぜか検品票が省略されているものもあるが、これらの要素は現行品もほとんど変わっていない。

積水化学グループは、国内におけるポリエチレン商品のパイオニア。「ポリバケツ」（一九五五年。実は登録商標なのだ）も、昔からゴミ出しに使われる大きな青バケツ（六一年。正式名称「ポリペール」）も積水ブランドの商品なのである。

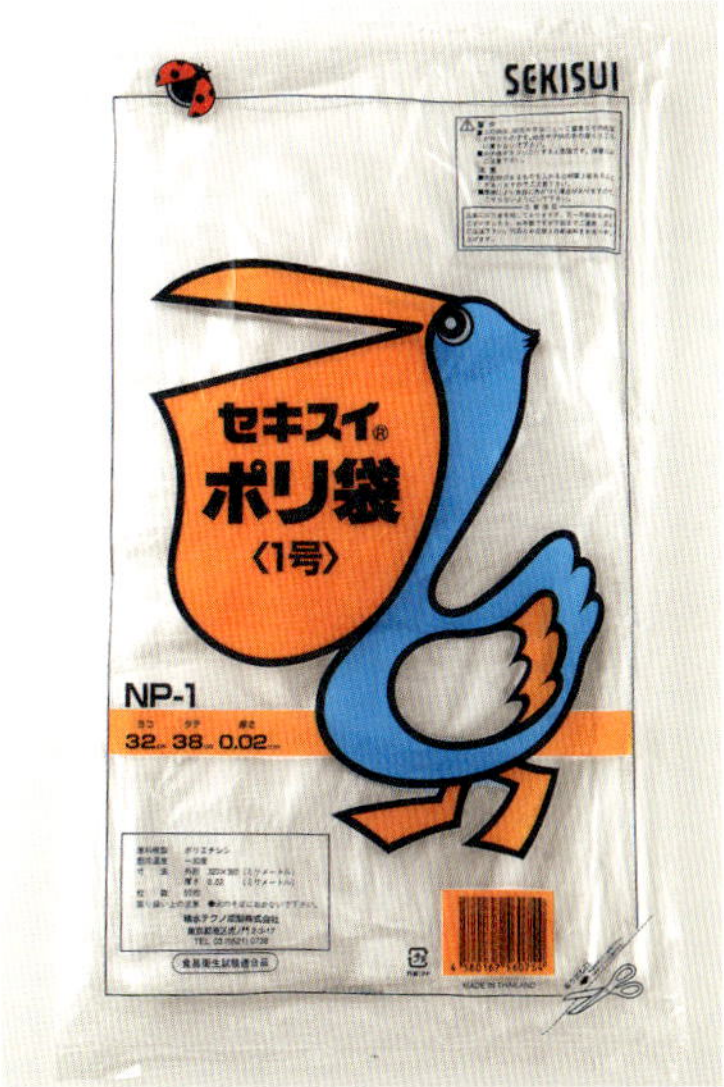

●セキスイ ペリカンポリ袋(1号)

発売年：不明　価格：525円
問合せ：積水テクノ成型株式会社／電話番号非掲載

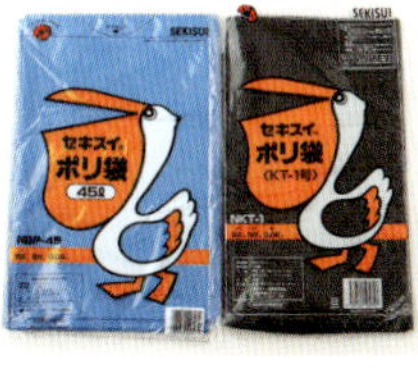

こちらは青(641円)と黒(557円)のポリ袋。その昔、ゴミ袋と言えばこの黒か青だった。当時は、まさかゴミ袋に郷愁を感じる日が来ようとは思っていなかったが、現在は不透明なゴミ袋を使用禁止とする自治体が多いため、ほとんど見かけることのなくなった商品である

さ

た

な

は

索　引

取材にご協力いただきました各企業様に心より感謝いたします。

アース製薬
相長木工
浅田飴
アサヒ興洋
旭創業
ウテナ
大塚製薬
オーディーエー
尾上製作所
カール事務器
加藤工芸
カネヨ石鹸
カマヤ
亀の子束子西尾商店
カメヤマ
カモ井加工紙
川口技研
キクロン
北多摩製作所
牛乳石鹸共進社
共和
清原
グラクソ・スミスクライン
クラブコスメチックス
小堺製薬
国光オブラート
小林製薬
サギサカ
サボテン
三栄水栓製作所
資生堂
シナネン
ジュジュ化粧品
ジョンソン
スモカ歯磨
積水テクノ成型
ソミールプロダクツ
大日本除虫菊
タイホーコーザイ
高野自動車用品製作所
タナカ
東京パイプ
東芝ホームアプライアンス
トクホン
内外薬品
ナガオカトレーディング
浪華ゴム工業
日本香堂
日本シール
日本枝朶パーム工業
日本磨料工業
ハクキンカイロ
白元
パナソニック
ピップ
ヒマラヤ化学工業所
福島発條製作所
ヘチマコロン
ボンスター販売
松山カットラリー
マル木商会
丸本本荘陶器
三宅化学
望月製紙
森下仁丹
柳屋本店
ユニリーバ・ジャパン
ライオン
ラッキートレンディ
リス
ロゼット
ロッテ健康産業
和光堂

まだある。

今でも買える"懐かしの昭和"カタログ ～生活雑貨編 改訂版～

2006年4月20日　初版第一刷発行　大空ポケット文庫
2006年8月10日　第三刷発行
2013年5月30日　改訂二版第一刷発行
2025年2月2日　第二刷発行

著　者　初見健一
発行者　加藤玄一
発行所　株式会社 大空出版
東京都千代田区神田神保町3-10-2 共立ビル8階　〒101-0051
電話番号　03-3221-0977
メールアドレス　madaaru@ozorabunko.jp
ホームページ　http://www.ozorabunko.jp
※ご注文・お問い合わせは、上記までご連絡ください。

写真撮影……関 真砂子
デザイン……大類百世　岡田友里
校正……松井正宏
印刷・製本……シナノ書籍印刷株式会社
取材協力……NPO法人文化通信ネットワーク

ISBN978-4-903175-44-7　C0177